給与倍増
名目GDP 1000兆円計画！

参議院議員・自由民主党
片山さつき

ごま書房新社

はじめに

日本人、日本国民は、やればできる人々です。

復活という目標を立てたなら、復活できる人々です。

戦後、米国からの経済的な援助や、朝鮮戦争特需といった追い風が吹いたとはいえ、1945年8月15日から23年目の1968（昭和43）年にGDP世界2位に上り詰めました。

いいですか、たった23年ですよ。日本人は一代だけで、自分の人生のなかだけで、世界を驚かせる高度経済成長を成し遂げたのです。1995（平成7）年には、USドル換算で米国の73％まで迫り、ドイツ、フランス、英国のGDPを足した金額よりも高くなりました。中国は日本の8分の1です。

もう一度、やってみませんか。

当時とは、もちろん時代背景やさまざまな条件、各々の意識は大きく違います。考え方もここ30年の低成長、デフレ経済に慣れてしまっています。効率化、スリム化ばかりに気を取られ〝攻め〟に転じる元気がないようです。大の大人がそうだから、若者もそう見えます。でも、若者は親の背中を見て、先輩の眼差しを見て、ちゃんと変わるものです。本書を手に取った皆さんが、若かりしころにそうであったように。

あのころの大人になりましょう。

日本は、だれかが旗を振ってみんなを導くという文化が希薄です。日本人は空気を読んで、みんなで一緒に目標に向かいます。

あれほど働き蜂だったのに、世界から叱られると途端に休め休めという雰囲気になり、いまや小言を言ってきた米国、カナダの北米勢、オーストラリア、ニュージーランドのオセアニア勢、英国、イタリア、スペイン、ポルトガルの西欧勢よりも、日本の労働時間は短くなっています。人手不足のいま、米国並みに働くとＧＤＰは１００兆円増えるという試算もあります。悪いこととは言いませんが、外圧や、少数の大声に〝反応〟して規制を緩めたり、だれにとっても優しいルールを作ってきたからです。

経済的にも国難と言える現在の日本、そこから最後の脱出のチャンスが訪れている今年、私は復活だけのために、逆に規制すべきことはするべきだと思います。規制緩和だけが正義じゃない。電力の自由化でだれか得して喜んでいる人はいますか。

総理をはじめ、旗振り役にふさわしい方々はたくさんいます。ただ、立場上できない人が多い。本を書いて皆さんに訴えることができる政治家は、ほんのわずかです。

私には子どもがいません。日本の若者すべてが私の子どものつもりです。母ちゃんに付いてこい、そんな気持ちです。

一緒に旗を振ってみませんか。

そんな同志に送る本書、ぜひ最後までお読みください。

片山さつき

【編集部注】

数値、数字は公的機関の最新の発表値を使用、図版の元にもしている。民間の発表は出典を明記。なお、原則として「約」は省略。1ドルは150円、1ユーロは165円、1ポンドは185円、1元は20円換算

◉目次

給与倍増　名目GDP1000兆円計画！

第2章　マインドを変えて金融立国

第3章　これからは当面GX！

第4章　経済安全保障の時代です

プロデューサー　柴田明恭
芳賀正光
装幀・本文DTP　フォルドリバー
校正・校閲　アネラジャパン
構成・編集　保川敏克

序章 GDPを上げよう!

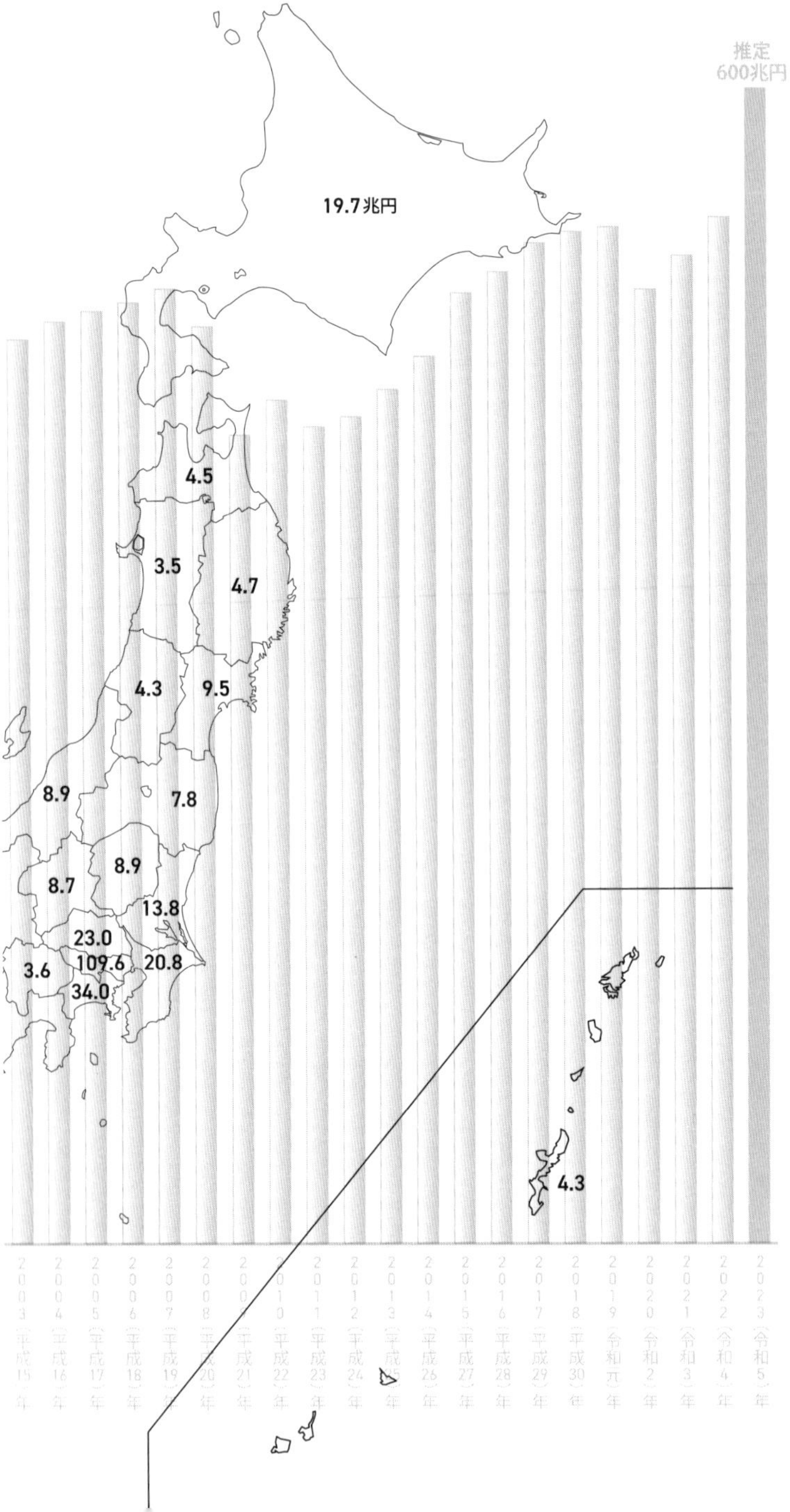
推定
600兆円
19.7兆円
4.5
3.5
4.7
4.3
9.5
8.9
7.8
8.9
8.7
13.8
23.0
3.6
109.6
20.8
34.0
4.3
2003(平成15)年
2004(平成16)年
2005(平成17)年
2006(平成18)年
2007(平成19)年
2008(平成20)年
2009(平成21)年
2010(平成22)年
2011(平成23)年
2012(平成24)年
2013(平成25)年
2014(平成26)年
2015(平成27)年
2016(平成28)年
2017(平成29)年
2018(平成30)年
2019(令和元)年
2020(令和2)年
2021(令和3)年
2022(令和4)年
2023(令和5)年

過去40年の名目GDP推移と
全47都道府県のGDP（兆円）

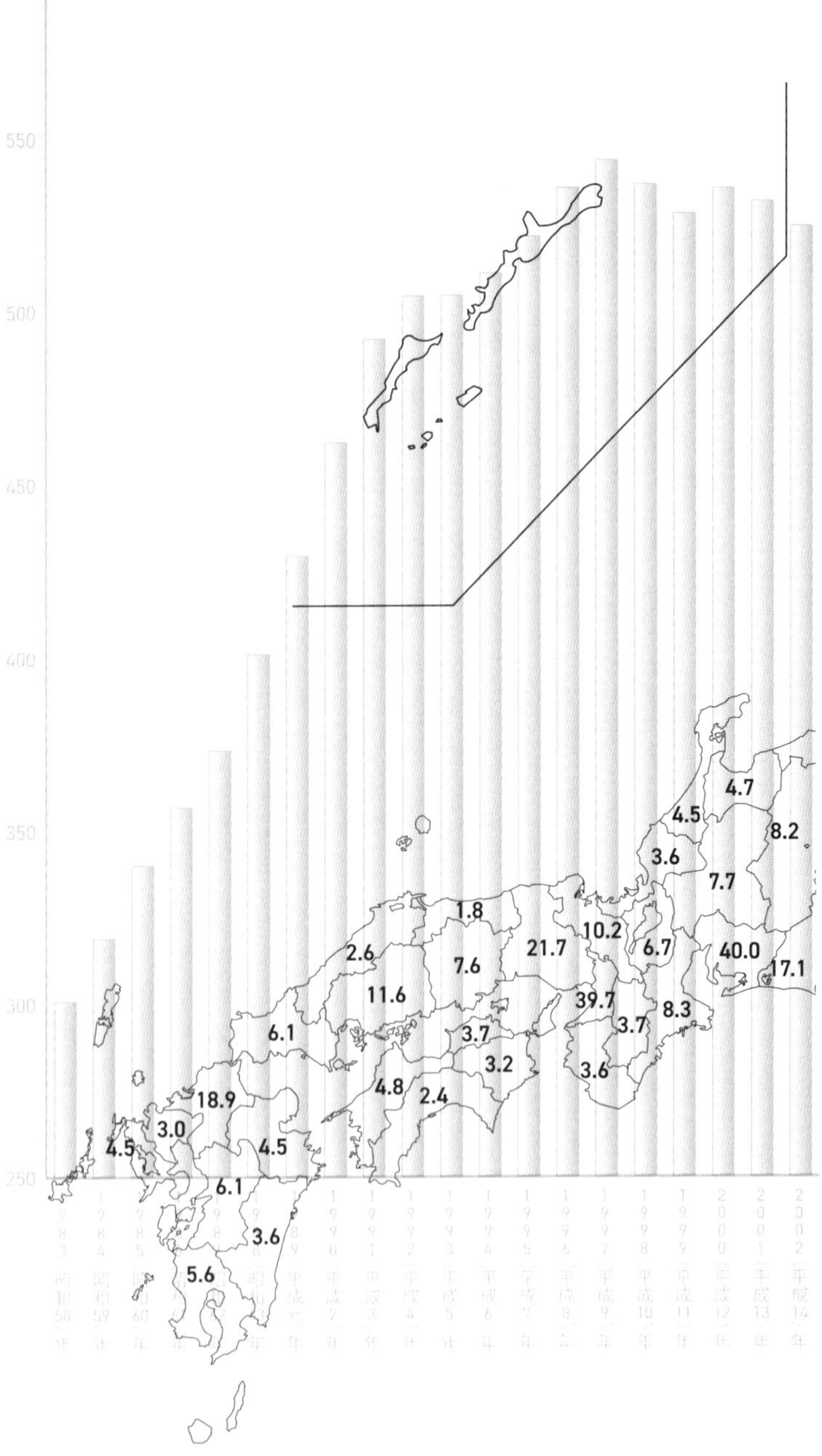

覇気ある新時代がやってくる

ついに来ました。

1983（昭和58）年に名目GDP300兆円台に乗せると、わずか5年後の1988（昭和63）年に400兆円台に達し、さらにたったの4年で1992（平成4）年に500兆円台に到達した日本。しかし、その前年に崩壊したバブル経済の影響が長く尾を引き、GDPは25年ものあいだ、550兆円を超えることができませんでした。

その壁を2017（平成29）年にようやく超えて7年目、途中コロナ禍などがありましたが、2023（令和5）年12月末、ついに、めでたく600兆円台に入りそうです。2015年に安倍晋三元総理が掲げた「新・第一の矢」が現実のものとなるでしょう。

500兆円台脱出に要した期間は31年ですから、いま50代前半の方々は、学校を卒業してから30年以上ずっと停滞していた日本で過ごしたことになります。頑張っても頑張っても会社の業績は上がらず、給料も増えず……。

その結果、米ギャラップの『グローバル職場環境調査』によれば、日本において「熱意ある社員」はたった5％で世界最低（イタリアと同率）です。パーソル総合研究所の『グ

名目GDP成長率

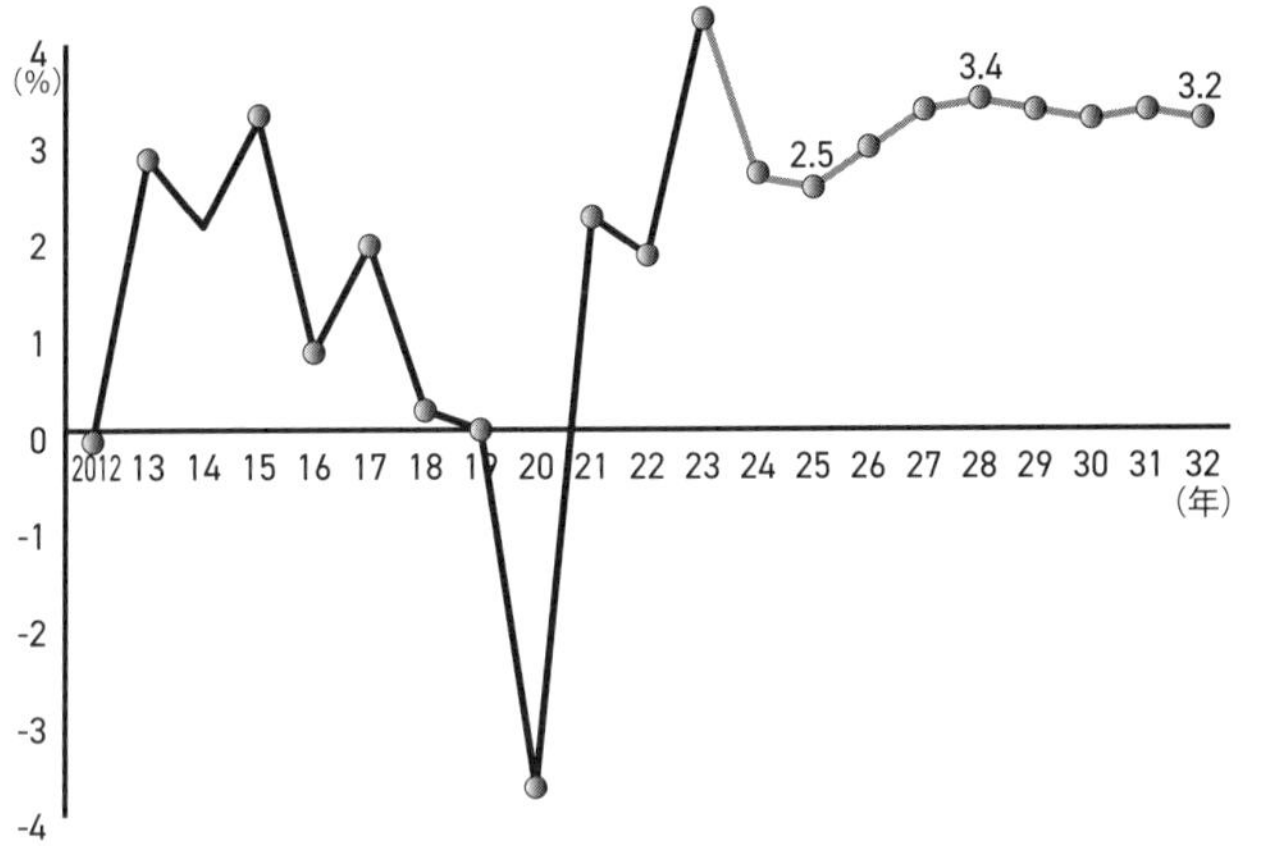

ローバル就業実態・成長意識調査』によれば、日本は「働く幸せを感じる」人は49・1％で世界最低。「勤務先以外での学習や自己啓発をしていない人」は52・6％でダントツ世界最高という国になってしまいました。＊注

そんな親世代を見て育った若者や子どもたちは、どんな仕事観・経済観でしょう。

でも、それももう終わりです。

２０２３年７月25日、内閣府が経済財政諮問会議に提出した心強い基礎情報があります。ＴＦＰ（全要素生産性）の上昇率がデフレ経済に入る前の期間平均１・４％まで戻るケースでは、上の図のように日本の名目成長率はこの先ほどなく３％台になり、２０２８年度には３・４％に達し、２０３２年度でも３・

＊注　27ページの図版参照

ドイツの2023年の経済成長率は推計で実質マイナス0・4％。2019年は0・6％、2020年はマイナス4・6％、2021年は2・7％、2022年は1・9％。コロナ前の2018年のGDPと5年経ってもほぼ同じ2％を維持すると試算しているのです。その2032年度の名目GDPは768兆円。600兆円台を7年で卒業する計算です。

日本は、今年から反転攻勢が始まります。あとから振り返ればすでに2023年からそのモードに入っていたかもしれません。

米ドルベースでドイツに抜かれて世界4位に落ちるといっても、それは一時的なことです。1ドル150円を超えるような円安が数年続くとは考えられず、ドルに対して10％も高くなれば逆転しますし、そもそもドイツは日本より低い経済成長率になっています。

当然、日本はGDP世界3位を奪還して、さらに一人あたりGDPを米国を追従できる水準まで戻すのが目標になります。そして、内閣府の試算よりも高い成長率4～5％で、10年後の2034年には名目GDP1000兆円の大台に手をかけたい私です。

国税最高、営業利益最高、賃上げ最高、経常収支最高

欧米ほどではないにしろ物価が上昇し、その割に給料は上がらずに実質賃金が下がり、税金と社会保障関連費が増えて可処分所得が低下している状況では、皆さん未来を夢見るこ

米国の一人あたり名目GDPは、2001年に15年ぶりに日本を上回って以降、一度も抜かれたことがない。円高の2011~2012年に日本に並びかけられたが、いまや8万ドル対3万4000ドルという大差

名目GDP

	暦年		名目3%	名目4%	名目5%
	2022	令和4	562	562	562
	2023	令和5	600	600	600
今年	2024	令和6	618	624	630
	2025	令和7	637	649	662
	2026	令和8	656	675	695
	2027	令和9	675	702	729
	2028	令和10	696	730	766
5年後	2029	令和11	716	759	804
	2030	令和12	738	790	844
	2031	令和13	760	821	886
	2032	令和14	783	854	931
	2033	令和15	806	888	977
10年後	2034	令和16	831	923	1026
	2035	令和17	855	861	
	2036	令和18	881	999	
	2037	令和19	908	1039	
	2038	令和20	935		
15年後	2039	令和21	963		
	2040	令和22	992		
	2041	令和23	1021		

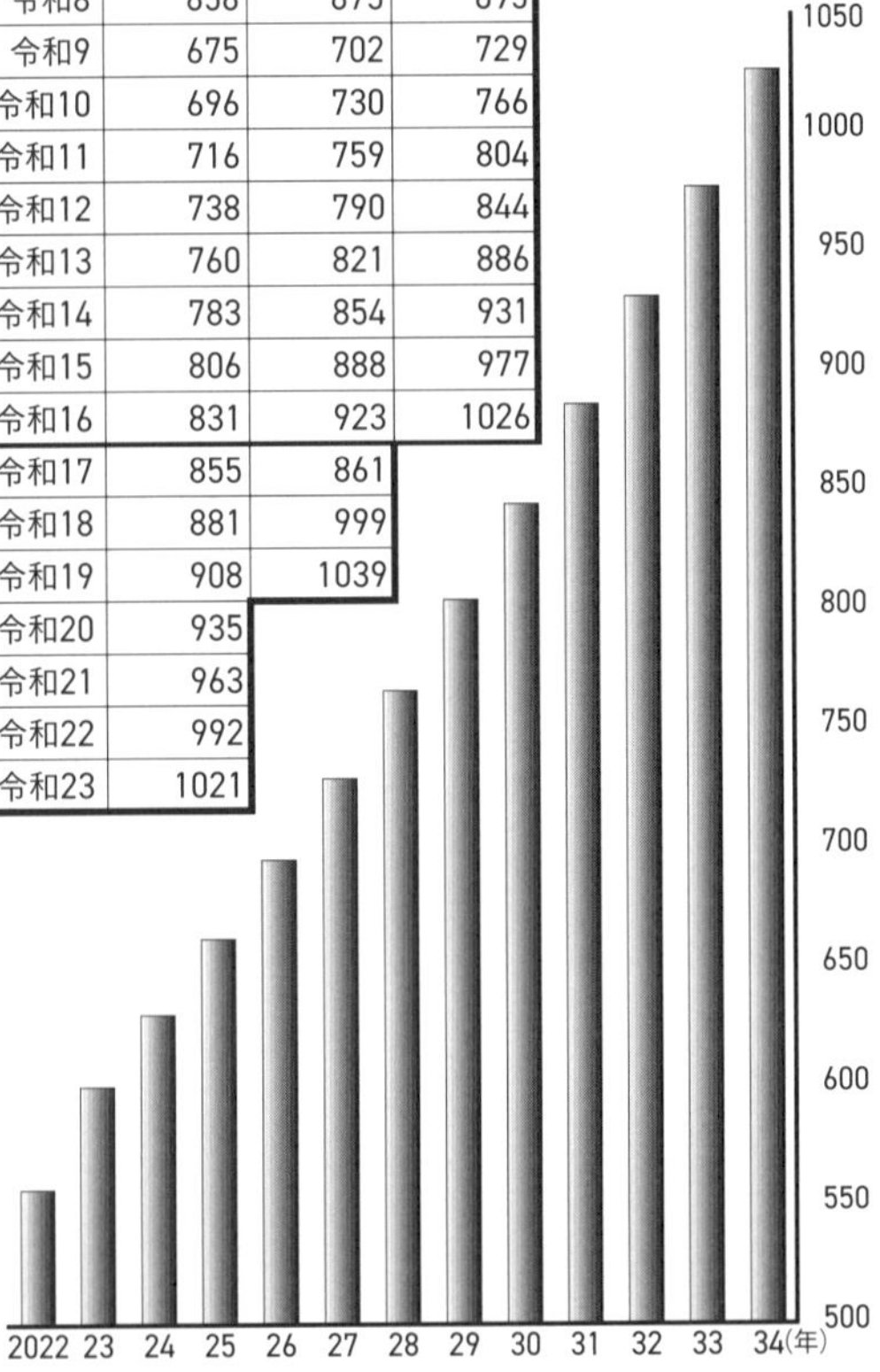

名目GDP5%成長の場合

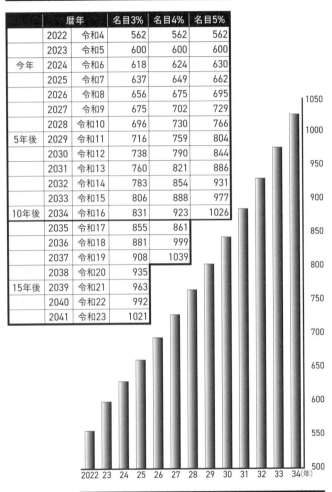

企業の内部留保も2022年度は前年度の516兆4750億円から38兆円以上(7・4%)の大幅増加で554兆7777億円。11年連続で過去最高を更新

とは難しいでしょう。ただ、足元を見てみると日本経済は思ったほど悪くないというか、明るい面も多いのです。

なによりも、円安。

自国通貨が下がって喜んでいるわけではありません。G5による1985(昭和60)年9月22日のプラザ合意前、ピーク時の2月は1ドル263円です。そこからわずか10カ月でいまと同じ150円台まで円高が進み、バブル経済に突入します。同じ150円でも当時は円高と言い、現在は円安となりますが、ドル/円相場はこの世界に長くいる私もコントロールのしようがないものだという認識です。

一筋縄ではいかない相手に一喜一憂せずに現実を見れば、今回の〝円安〟は2022(令和4)年3月以降すでに1年半以上続き、その間、多くの数値が日本経済の好調ぶりを表していますので〝円安〟は好材料と考えます。

次に、国の収入。2022年度(2022年4月~2023年3月)の国の税収は、3年連続で過去最高を更新し、71兆1374億円に達しました。企業の業績が回復して法人税が伸び、コロナ禍が収まって消費税も伸び、賃上げや株式配当によって所得税も伸びました。70兆円台への突入は、消費税10％への引き上げ効果もあって史上最高の60・8兆円を記録した2020年度からわずか2年というスピードです。この調子で80兆円、90兆円と伸びれば、GDP増に寄与する政府支出を増やしながら、同時に財政再建を図ることが容易です。

国が史上最高税収なら、企業も同様に2022年は経常利益93・3兆円をたたき出しました。これは2018年の84・3兆円を10％以上も上回る過去最高の金額です。国内最大の企業であるトヨタは2023年3月期に営業利益2兆7250億円、2024年3月期は売上高43兆円で営業利益4兆5000億円を予測しています。

そして、企業の2023年の設備投資は100兆円を超え過去最高になる見通しです。

会社が儲かっているなら社員にも還元されます。2023年春闘は、賃上げの実施率、上昇幅とも過去最高。賃上げ率3・6％というのは厚生労働省の調べでは1994年（3・13％）以来の3％台です。大和総研の推計では、2024年はそれを超える3・7％です。

民間の名目設備投資は1991(平成3)年の98・9兆円がこれまでの最高額。以降、2009年の67・5兆円まで基調は右肩下がり

株価も2023年12月1日現在、日経平均は3万3431円。11月20日には一時、バブル経済崩壊後の最高値3万3853円まで上げ、1989年末の史上最高値3万8915円に迫った

賃上げ率

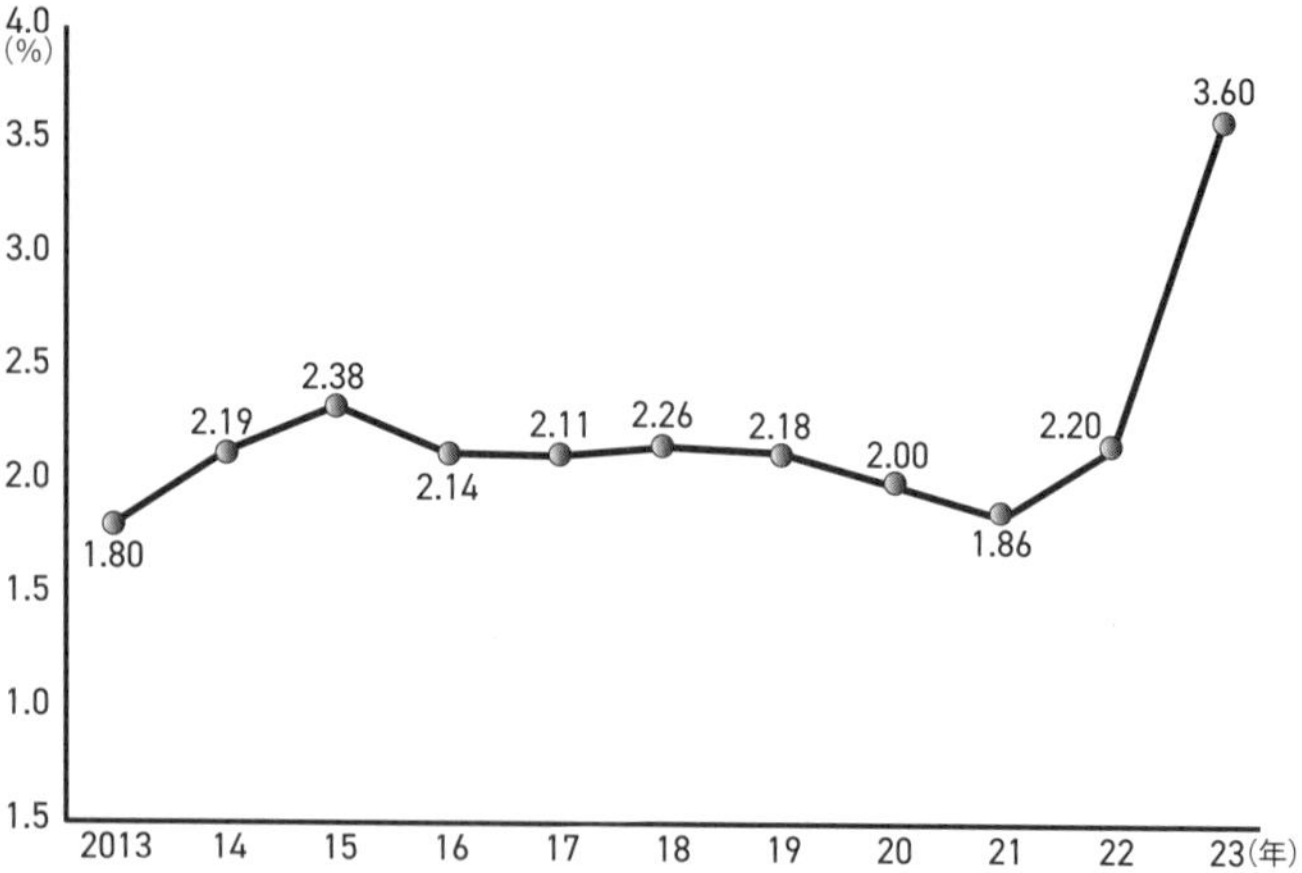

また、2023年度上半期（4〜9月）の国際収支は、日本の企業が海外の子会社から受け取る配当金など海外投資による儲けである第1次所得が18兆3768億円の黒字となり過去最高。サービス収支（デジタル関連の赤字）や貿易収支（円安・資源価格高騰による赤字）を引いた経常収支は12兆7064億円の黒字で、こちらも過去最高となっています。観光面でも世界中の人々を引きつけ、年間3兆円の旅行収支が見込めます。

このように、生産活動をする皆さんが頑張りに頑張った結果として経済の活況を示すデータが多々出ているなら、これはもう

日本の復活を夢見ないわけにはいきませんし、政治家として実現させるしかありません。そして、いまは仕事にやる気・やり甲斐を感じていない人々に眠りから覚めてもらい、皆さんの給与が10年後の２０３４年、２倍になることを視野に入れている私です。そのためのＧＤＰ１０００兆円計画です。

この先、ＧＤＰ１０００兆円に達する過程で、どの分野に投資が集中するか、ビジネスチャンスがあるか。会社員も事業主も自分事として考えてそれをつかんで、ぜひ一歩踏み出してください。

千載一遇のチャンスを逃さない政策で可処分所得増

政府はこういった経済の力強さが２０２４年以降も続くとみて、春闘でこれまでにない高い賃上げ、それにより拡大する消費を見込んだ設備投資、この２つの民需主導によるＧＤＰ上昇を見込んでいます。

また、以下の３つを高めて供給力の向上を図っています。ＧＤＰは言わば資本と労働と生産性だからです。

労働生産性……産出量として「物の生産量」を数値化するか、「金額」を数値化するかという考え方がある。前者は物的労働生産性、後者は付加価値労働生産性。計算方法はいくつかある

労働生産性の計算方法。①産出量÷労働投入量　②付加価値÷常時従業者数　③GDP÷(就業者数×労働時間)

①投入資本
・国内民間投資促進
・社会インフラの整備
②能力を勘案した投入労働
・リスキリングによる能力向上
・新たな人材マネジメントへの改革
・成長分野への労働移動の円滑化
③生産性＝イノベーションの進行
・スタートアップ振興、労働移動円滑化など企業の参入・退出円滑化
・創造性を喚起するエコシステムへの構造改革

私はこれらはもちろんですが、もっと攻めた施策、思い切った案でGDPの急上昇を思い描いています。実質2％、名目4～5％。

名目GDPは、実際の経済活動における取引価格に基づいて推計されています。物価上昇や下落といった変動が入った国内総生産で、生活感覚に近い数値になります。私は主に

こちらで話していきます。

ただ、インフレやデフレの影響を調整した実質GDPを求めるときは、GDPデフレーターで名目GDPを割った実質GDPで伝えます。本質的な経済成長を計るにはこちらが便利です。なお、GDPデフレーターというのは価格に関する包括的な指数で、輸入品価格は含まず、これが企業物価指数や消費者物価指数との違いです。

また、GDPは生産面、分配面、支出面という3つの視点のどこから見ても金額が同じになる「三面等価の原則」があります。

生産面……【国内総生産（GDP）】
＝ 国内で生み出したモノやサービスの付加価値（＝売上－原材料費）の合計
分配面……【国内総所得（GDI）】
＝ 雇用者収入 ＋ 営業余剰等 ＋ 固定資本減耗 ＋ 純間接税
支出面……【国内総支出（GDE）】
＝ 消費 ＋ 投資 ＋ 政府支出 ＋ 輸出 － 輸入

支出面から見たGDPにおいて、消費（民間最終消費支出）は全体の55％前後を占める。個人が家計から出すお金がGDPのメイン。投資は住宅を建てたり、企業の工場建設費など。政府支出は公務員の給料や、道路を造る費用など

給料とは、各種手当てなどを除いた毎月の基本給のこと。給与は、それに加えて残業代や諸手当、賞与など、会社から受け取るすべての報酬のこと

物価2%、ベア3%、給与6%アップ時の試算

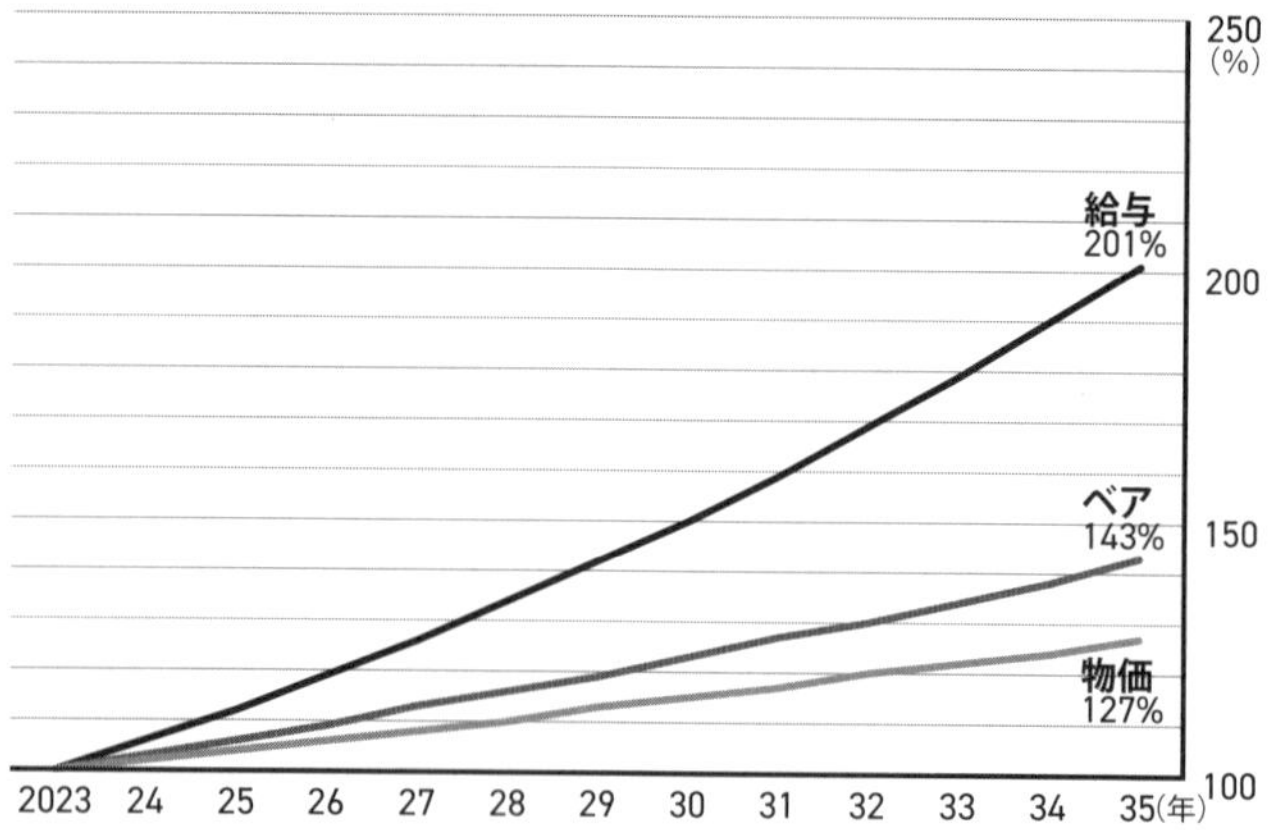

従ってＧＤＰを上げるためには、分配面の雇用者収入を増やしても、支出面の投資を拡大しても、結果として生産面に現れてきます。

逆に言えば、生産面＝ＧＤＰが上がれば、よほどのことがないかぎり分配面の雇用者収入が上がります。

私がなぜ名目ＧＤＰ１０００兆円を目標にするのかと言えば、給与がそれにつれてほぼ倍近く上がる可能性が高いからで、これが最大の目的です。

もちろん、給与が上がっても物価が同じように上がっては仕方がないので、物価が毎年２％ずつ上がれば、基本給の底上げであるベースアップは３％を求めたいところ

名目賃金

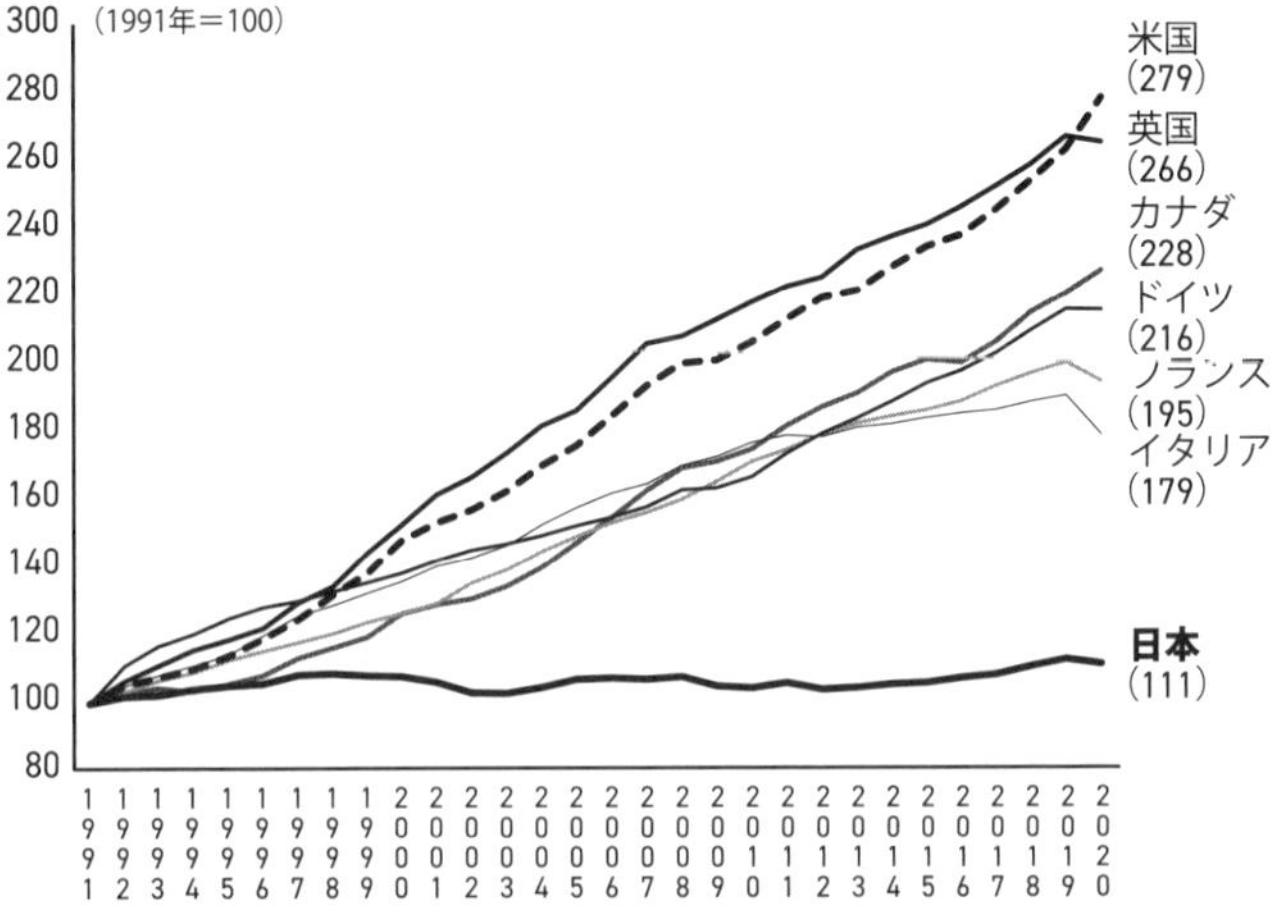
(1991年＝100)
300
280
260
240
220
200
180
160
140
120
100
80
米国
(279)
英国
(266)
カナダ
(228)
ドイツ
(216)
フランス
(195)
イタリア
(179)
日本
(111)
1991 1992 1993 1994 1995 1996 1997 1998 1999 2000 2001 2002 2003 2004 2005 2006 2007 2008 2009 2010 2011 2012 2013 2014 2015 2016 2017 2018 2019 2020

実質賃金

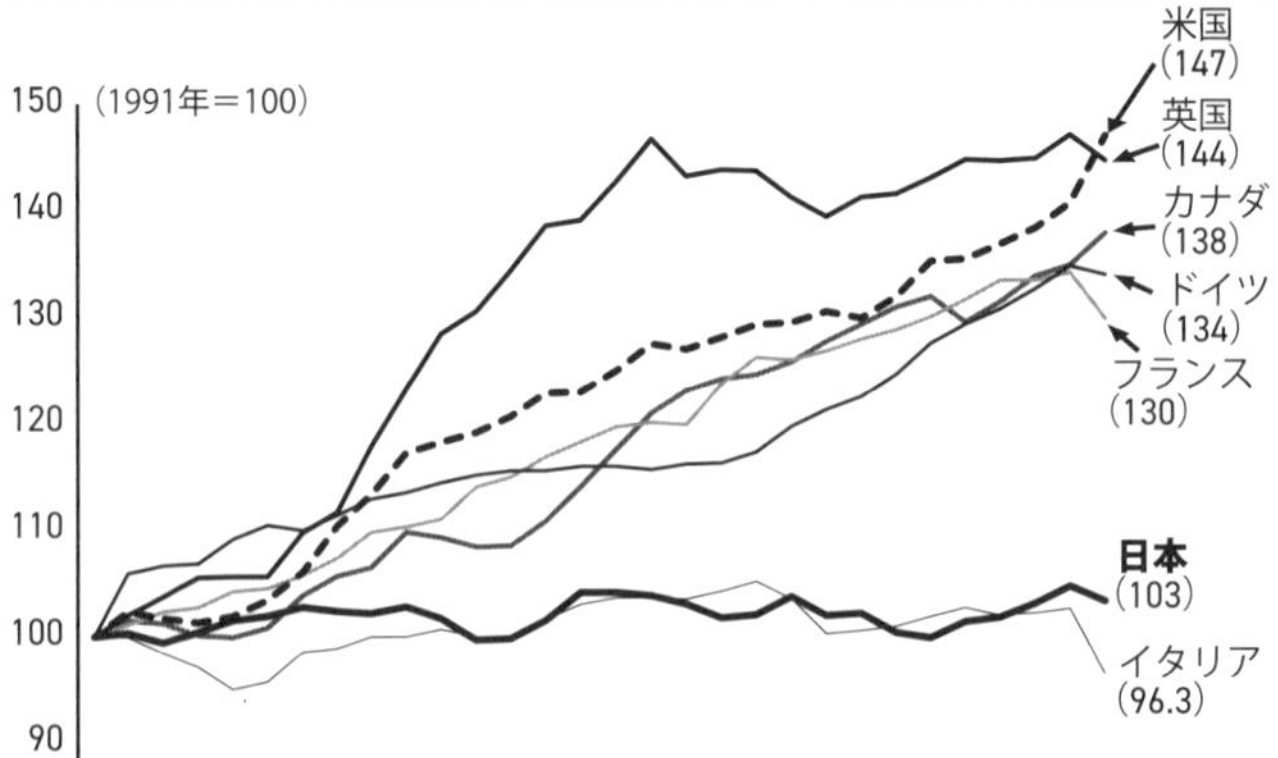
(1991年＝100)
150
140
130
120
110
100
90
80
米国
(147)
英国
(144)
カナダ
(138)
ドイツ
(134)
フランス
(130)
日本
(103)
イタリア
(96.3)
1991 1992 1993 1994 1995 1996 1997 1998 1999 2000 2001 2002 2003 2004 2005 2006 2007 2008 2009 2010 2011 2012 2013 2014 2015 2016 2017 2018 2019 2020

名目、実質報酬と消費者物価指数

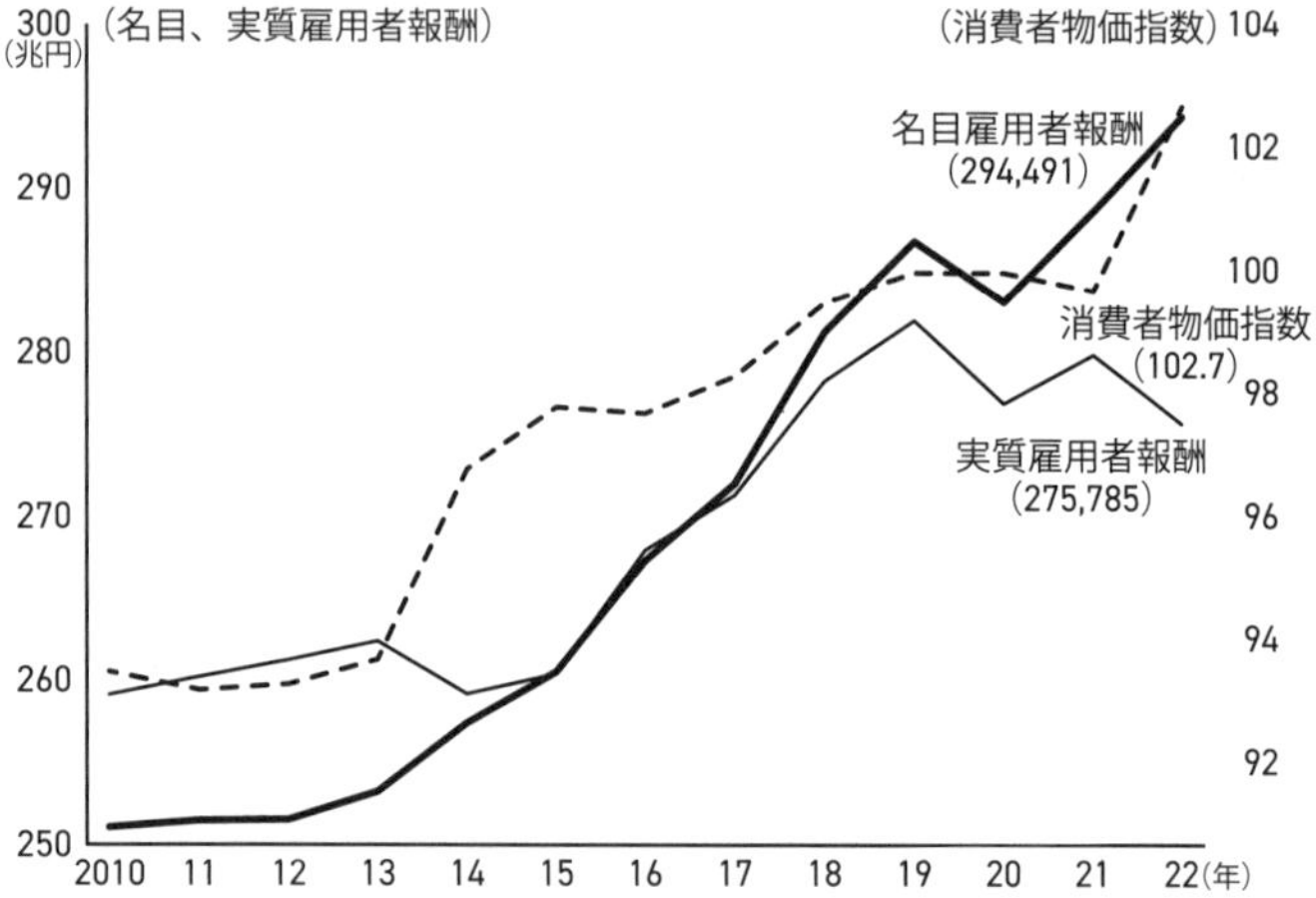

です。

ベースアップが3%の場合、物価上昇率を2%と仮定すると、自然と1%ぶん裕福になります。

ほかに定期昇給と、役職手当など各種手当て、ボーナス増の期待があり、税金や社会保険料のアップにも対応できる家計になるでしょうし、そうなりましょう。

そのための私の計画を第1章からお伝えしていきます。名目GDP5%アップ＝足元600兆円から今年1年で30兆円上げる施策です。

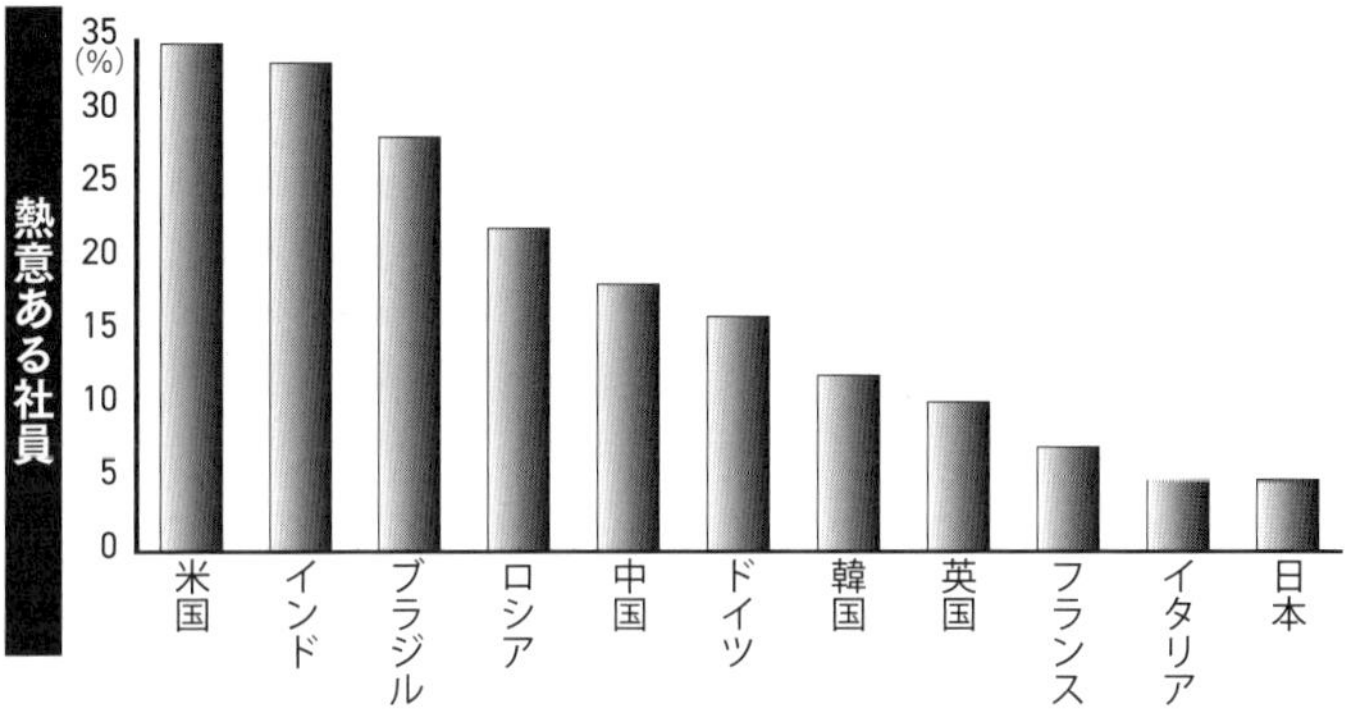
熱意ある社員
35
(%)
30
25
20
15
10
5
0
米国
インド
ブラジル
ロシア
中国
ドイツ
韓国
英国
フランス
イタリア
日本

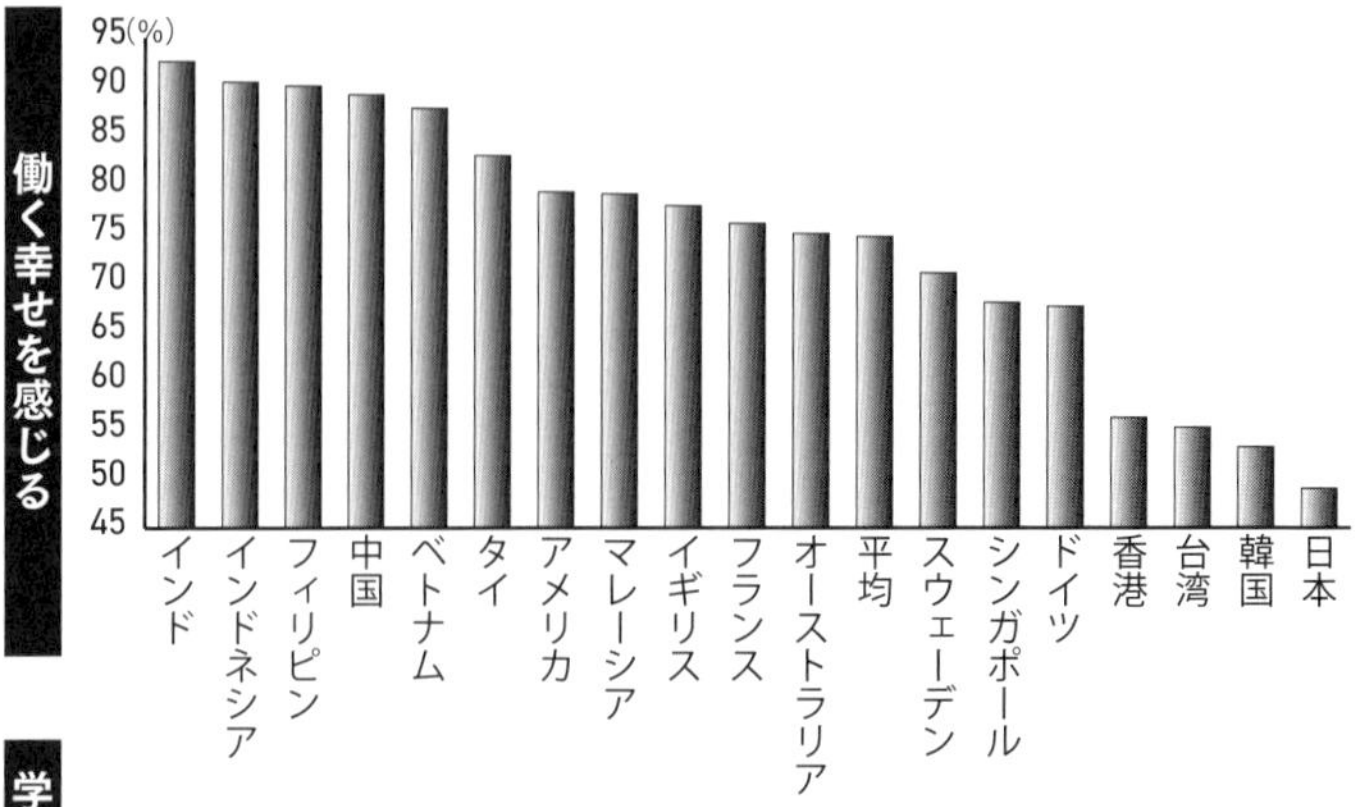
働く幸せを感じる
95(%)
90
85
80
75
70
65
60
55
50
45
インド
インドネシア
フィリピン
中国
ベトナム
タイ
アメリカ
マレーシア
イギリス
フランス
オーストラリア
平均
スウェーデン
シンガポール
ドイツ
香港
台湾
韓国
日本

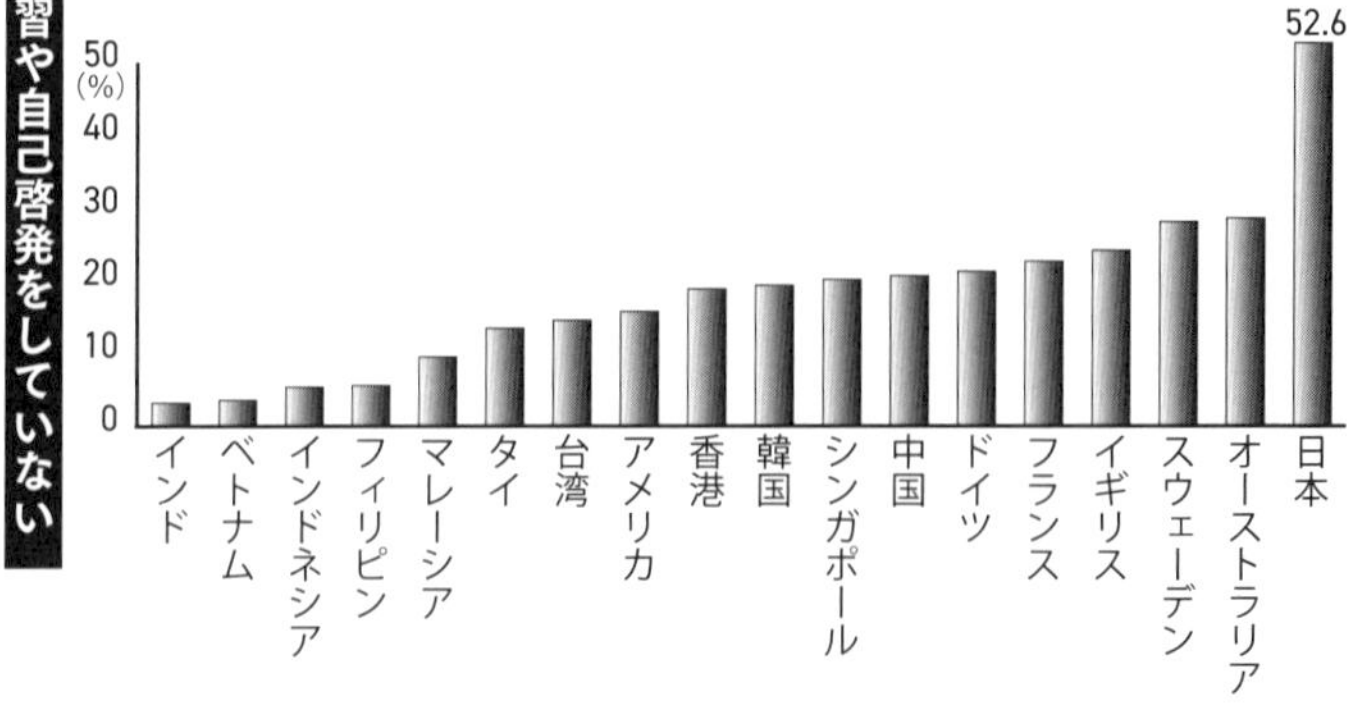
学習や自己啓発をしていない
52.6
50
(%)
40
30
20
10
0
インド
ベトナム
インドネシア
フィリピン
マレーシア
タイ
台湾
アメリカ
香港
韓国
シンガポール
中国
ドイツ
フランス
イギリス
スウェーデン
オーストラリア
日本

名目雇用者報酬＝名目GDP×労働分配率
名目GDP＝名目雇用者報酬÷労働分配率

労働分配率……企業が生み出した付加価値全体に占める人件費の割合。付加価値が働いた人にどれだけ分配されたかを示す。企業の規模で大きく違い、業種によっても大きな差がある。また、計算方法は6通りあり、どれで話をするか注意が必要。

84・1％　①雇用者報酬÷（国民所得×雇用者数÷就業者数）×100％
88・5％　②雇用者報酬÷（雇用者報酬＋企業所得〈民間法人企業〉）×100％
81・6％　③雇用者報酬÷（国民所得－企業所得〈個人企業〉）×100％
58・8％　④雇用者報酬÷（GDP×雇用者数÷就業者数）×100％
75・3％　⑤雇用者報酬÷国民所得×100％
71・5％　⑥人件費÷（人件費＋営業純益＋支払い利息・割引料＋租税公課＋動産・不動産賃借料）×100％

付加価値……給与＋福利厚生費＋賃料＋減価償却費＋営業利益＋租税公課

まずは1年でGDP5％＝30兆円増
600兆円➡630兆円〈2024（令和6）年末の片山目標〉

第1章

ゼロゼロ融資が1000兆円への礎

民間〝ゼロゼロ融資〟が日本を救った

２０１９（令和元）年12月に中国で、翌年1月には日本で初めて感染者が確認された新型コロナウイルス。感染はジワジワと広がり、２０２０年2月1日、新型コロナウイルス感染症は指定感染症になりました。行動制限が始まると、行楽地を訪れる人々は一気に減少。観光バス、観光タクシー、ホテル、旅館、土産物屋、観光客相手の飲食店、そのほか関連する商売がすべて閑古鳥の鳴く毎日に一変しました。

このときはまだ国や自治体からの協力金、給付金、支援金などの制度は始まっていません。私は全国からさまざまな報告を受け、各地の事業者たちの3月末の資金ショートを危惧していました。それは日本政策金融公庫も同じだったようです。実質的に無利子・無担保の融資を3月17日から拡充する旨、12日に発表。1月29日から始めていた制度を質量ともに高めました。

そんなときです。衆議院議員の中谷元《なかたにげん》氏から電話が入りました（仲がいいので元ちゃんと呼ばせてもらっています）。

元ちゃんが言うには、地元の高知信用金庫の山﨑久留美という理事長がいまここにいる。日本で初めて信用金庫のトップになった女性で、全国に254ある信用金庫でただ一人の女性理事長だ。地元の土佐女子高校を卒業後1977（昭和52）年に18歳で入庫してから43年にわたって高知の中小企業や個人事業主を見続けてきている。その山﨑さんが政策金融公庫の無利子・無担保融資のことで伝えたいことがあると言っているが、聞いてくれないか、というものでした。

伺うと、高知信金の得意先は、コロナ禍の影響が甚大な業種である観光タクシー、土産物屋、旅館、飲食店がほとんど。客先が金融公庫の『新型コロナウイルス感染症特別貸付』を受けることによってメインバンクが信金ではなく公庫になったら、高知県は民間経済ではなくなってしまう。自分たちも一生懸命に低金利で貸し出すから、せめて保証料はゼロにしてほしい、といった話でした。

すぐさま考えました。日本政策金融公庫の高知県の支店に、どれだけの窓口があって何人の担当者がいるのか？　殺到する事業者の数からして、とても足りないのではないか。しかも、これは高知県だけではなく全国で起こるであろうこと。公庫の全国152の支店だけでは、急を要する事業者の要望には全く応え切れないのでは……。

日本政策金融公庫には、ピーク時、一日に1万4000件の申し込みがあったという

私は元ちゃんと山崎理事長にお礼を言って、すぐさま安倍総理のところに走りました。

「公庫だけでは100万件を超える中小企業の資金がショートします」

一通りの説明を終えると、今度は金融庁長官をやっている財務省同期の遠藤俊英氏に高知信金の話を伝え、民間の金融機関でも融資ができる仕組みは作れないかと尋ねました。民間にコロナのような100年に一度のパンデミックのリスクは取り切れないので、融資先になにかあったときは国が被る、国の代貸みたいな形だと。すると、遠藤氏は、各都道府県に制度融資があるので、それを使えばできるだろうとのこと。自治体・信用保証協会と連携し、金利と保証料を国が負担するのです。

〈これはいけるかもしれない!〉

ただ、一筋縄ではいかないのが霞が関。しかも、明らかに国が損失を被る案件です。それでも私は遠藤氏も金融庁という役所も全面的に信用していましたし、中小企業庁も民間が出てきてくれないとすべてのコロナ案件に公庫が貸すことになるので、その負担とリスクを思うと反対はしないと読みました。

〈この案なら麻生太郎副総理(兼財務大臣兼金融担当大臣)に持っていける〉

あとは根回し、多数派工作を誤らないことです。私は高知信金の話だけでは弱いので、信用金庫業界全体の要望にする必要があると考えました。そして、財務省時代にお世話になった先輩の森川さん（森川卓也全国信用金庫協会専務理事）に相談。すると、信金だけではなく信用組合もやろうということになり、それなら第二地銀も一緒にと、第二地方銀行協会の居戸利明副会長・専務理事に伝えてくれました。

こうして麻生大臣に上げられる下地が出来上がり、遠藤氏に上げてもらうと、ご本人が大経営者でもあられる麻生大臣はピンとすぐにゴーサインを出してくださいました。

いったん踏み切ったら民間金融機関の動きは驚くほど速く、5月のゴールデンウィーク中も店を開け、密にならないように気を付けながらもすごい勢いで貸し出し始めました。

海外が驚いた〝右にならえ〟

雇用の維持と商売の継続を目的に、民間の協力を得て作ったこのゼロゼロ融資、利用された読者もいると思います。

簡単に説明すると、コロナ禍で売り上げ減に陥った中小企業や個人事業主に、実質的に無利子・無担保（信用保証料もゼロ）でお金を貸す仕組みです。日本政策金融公庫、商工組合中央金庫といった政府系金融機関が２０２０（令和２）年1月から開始。民間金融機関は5月から融資を実行しました。民間は２０２１年3月、政府系は２０２２年9月に受付を終了。金額は民間が23・４兆円（１３７万件）、政府系が19・４兆円（１２０万件）の計43兆円。融資としては日本史上最高額。２０２３年夏の時点でコロナ禍前よりも倒産件数が少ないのはゼロゼロ融資のおかげと言えます。

ゼロゼロ融資について諸外国がたまげたのは、43兆円という金額の大きさはもとより、信用金庫、信用組合、第二地銀といった民間の金融機関がそのうちの23・４兆円を１３７万件に貸し出した事務スピードです。もう一つ驚かれたのは、それらの民間企業は国から公的資金を注入されているわけではないし、株を所有されているわけでもないこと。あってもごくわずか。言うことを聞く必要などないのに、国の〝窓口指導〟でみんな〝右にならえ〟したことです。

外国からそう言われてみると、確かにこれは日本だけができることですね。中国の国営銀行ですら、言うとおりには貸さないと思います。日本は、政策だけでこれができる唯一の国だなぁと感慨にふけりました。

国のために〝雌伏《しふく》〟した事業者に報いる

危ない会社にどうして無利子で貸すのか？

それをなぜ国が100％保証するのか？

ゾンビ企業を生み出すだけではないか？


これらの質問に対する回答は、コロナ禍の赤字は経営者の責任ではないから、です。

当時、安倍総理が「2020年の訪日外国人数を4000万人にする」という目標を掲げたこともあって、2019年、コロナ禍に見舞われる前の日本には年間3188万人もの外国人旅行客が訪れていました。2009（平成21）年は679万人ですから、10年で5倍という急増ぶりです。

当然、需要を見込んだホテル・旅館は設備投資を進め、来る2020年東京オリンピックと、年間4000万人の訪日客に期待しました。

それが一気に暗転。2020年4月、政府はついに緊急事態宣言を発出せざるを得ない状況に陥りました。各種措置は1カ月半に及び、かつて経験したことのない「日常」を余

２０２３年10月の訪日外国人旅行者数は２５１万６５００人と推計され、これはコロナ前ピークの２０１９年10月の２４９万６５６８人を単月で初めて上回った

儀なくされました。

２０２３年5月にこれまでの「2類相当（結核などと同等）」から「5類感染症（梅毒などと同等）」に変更されるまでの3年間、政府や地方自治体が発出する緊急事態宣言は複数回に及び、外出自粛や行動制限が旅行関連の業種にダメージを与えました。また、時短営業や休業要請が飲食店と関連業種に売上減を強いたのはご存じのとおりです。なかでもホテル・旅館などの宿泊業界は、感染症が広がっているなかで、患者さんの療養施設としての機能を求められたため経営者は休業することもできず、人手不足のうえに施設の維持管理にいつも以上に気を遣いました。

２０２０年以降、観光関連事業は収益の確保がままならず、連続赤字決算も珍しくありません。自己資本比率は低下、債務超過に陥る施設も出てきました。これでは将来を見越した投資などできるはずはなく、本来ならば刻々と変化する旅行者のニーズに応じて5〜7年ごとにリニューアルするべきなのに、改装など無理な相談です。

調べてみると、コロナ禍の3年間で旅館やホテルは7億泊が消滅しています。1泊1万5０００円とすると、10兆円以上得られなかったわけです。

外食産業はお客さんが6兆円分来なかったという計算があります。

もともと赤字体質が多い地域の公共交通機関は、累積赤字が５０００億円を超えました。バス会社などは栄養失調気味だったところにさらに栄養が来なかったため、回復不能の痛手ともいわれています。

飲食店に対して、国や自治体は要請や命令に応じた場合に給付金、支援金、協力金を出しました。一部には焼け太り批判もありますが、「企業」と言える規模では、その金額で足りたところはごくわずか。グローバルダイニングのように、そんな金額では店を閉めることはできないと、要請を受け付けずに感染防止対策を施したうえで営業したお店もありました（グローバルダイニングは東京都を相手に訴えて実質勝訴）。御上の言うことに応じたお店は、多くが損をしたのではないでしょうか。

怨嗟の声が私のもとにも届いています。

「実際にコロナの集団感染が起こった業種の検証結果を出して、飲食業が感染の根源だと断定できる証拠を示していただかないと納得できない」

「飲食店のダメージは深刻。一部負担の減免、欲を言えば徳政令ぐらいの案件だと思っている。国として飲食を制限したのであれば、それくらいの補償を行うべき」

「コロナ以前に40年かけて蓄えた内部留保が、このたった3年間で底をついた。そのうえ借金をせざるを得ず、店舗が担保に取られた」

今回のコロナ行動抑制に起因する会社の赤字・債務は、決して社長や店主の経営責任ではありません。第一義的には国のせいです。それなのに、蓄えた預貯金をはたいたり、財産を手放さないと生業《なりわい》が維持できない現実は、なにかおかしい。資産のない多くの人々はどう耐えしのげと言うのでしょう。

個人事業主や中小企業だけではなく大企業も同じです。旅行業界大手のエイチ・アイ・エスは、あのハウステンボスを中国（香港）のファンドに売りました。

私は党の金融調査会長として、こういった事業者を助け、地域の基盤が崩れるのを防ぐことにより、経済活動と規模を維持しようと考えました。攻めてGDPを上げるのではなく、守ってGDPを下支えし、いつか必ず来る反転攻勢の機会をうかがうのです。

そのためには〝日の丸事業再生〟でないといけないと思っています。国を挙げて経済安全保障の面からもみんな一丸となるのです。長崎のハウステンボスの近くに米軍住宅があるのを見て痛感しました。経営上そうせざるを得なかったエイチ・アイ・エスを責めるわけではありませんが、そんな土地が中国資本に買われてしまったのです。

どんな企業も例外なく生き残るなどということは、そもそも無理。しかし、地域の主要インフラは死守しないと、観光資源から始まって水源などが外資系企業（ほとんど中国資本でしょう）に買収されるケースが頻発しかねないのです。

借金を返そうとする日本人

私は地域のお祭りなどに呼ばれて行くことが多く、皆さん気軽に話しかけてきてくれるのでさまざまな生の声に接することができるのですが、ゼロゼロ融資が始まって以降、何名かの若い銀行員、信金職員たちが同じように明るい表情で語りました。

「お客さんの相談に乗って貸したお金が生きている」

「自分が存在価値のある仕事をしていると初めて感じた」

「生き甲斐を持てています、僕たちは頑張りますよ」

面白い話としては、その店の存在は知っていたが、「ちょっと怪しいな、怖いな……」と感じて関わらなかった経営者にゼロゼロ融資で３０００万円貸して初めて付き合いができ、

（著者注）街では本当によく声をかけられます。とくに女性が多いです

2023年10月の貸出平均残高は609兆5070億円で過去最高。預金平残は1032兆9650億円

内側をよくよく見るとうまく商売をしていて、じゃあ別のビジネスを持ちかけてみようかと進展していったケース。

こうして預貸率は上昇、2023（令和5）年3月に日本の銀行と信金の貸出平均残高は、2001（平成13）年の集計開始以降、初めて600兆円を超えました。

もちろん、プラス面ばかりではありません。

ゼロゼロ融資を借りた会社や事業所のなかで、ある一定数は、多めに借りたことにより過剰債務状態に陥ります。経営者は借金を返すことに汲々とし、事業にうまく集中できません。今度はこの借金を減らしてあげる減免支援も必要になってきます。

虫のいい話だという声も耳に入りますが、窮地に陥っているのは、国のためを思って自らの事業を犠牲にし、感染症の蔓延を防いだ方々であることを忘れてはいけません。当時はエッセンシャルワーカーが称えられました。宿泊業や飲食業の皆さんも同じです。私はこれを財務省、金融庁、経済産業省、中小企業庁に言い続けています。

さて、ゼロゼロ融資は実行開始から3年が過ぎ、返済が2023年7月から一気に始まりました。2024年4月にかけて集中するとみられています。

この返済開始時期にヤフーの検索窓に「ゼロゼロ融資」と打ち込むと、自動的に出てく

る第2節は「返せない」「返済免除」「減免」といった文字でした。資金繰りの厳しい人・社が多いことがうかがえます。

これを事前に予測して、国は2023年1月に借り換え制度である「コロナ借換保証」を用意しました。ただ、同年11月までに使ったのは政府系と民間合わせて257万件のうち4％強の11万件、総額2・7兆円という数字に留まっています。ゼロゼロ融資の上限額6000万円を超える1億円を保証しているのに、皆さんなぜ借り換えないのでしょうか。

それは、当初はゼロだった保証料率が0・2％になり、また融資後3年間はゼロだった金利が「各金融機関所定利率」になるためではないかと思います。

また、もともと借り換えを希望する企業は債務者区分で言うと②。利子は2％を超える数字を提示されたはずです。それでは利用できず、たとえ③に落ちて新規借入が不可能になるとわかっていても、リスケ（条件変更）をして楽な返済のほうを選んだのでしょう。

債務者区分	貸倒引当率
①正常先	0・1〜0・3％
②要注意先	1〜5％

リスケとは、リ・スケジュールのこと。返済条件を変更したり返済計画を組み直すことであり、実質的に返済の猶予を指す。これに対して借り換えは、これまでの借入金を返済するために新規融資を得ることで、それにより返済条件が良くなるケースを言う

③要管理先　15％
④破綻懸念先　75％
⑤実質破綻先　100％
⑥破綻先　100％

私は借り換え時の利子を下げるように働きかけ、総合経済対策の「重点支援交付金」の使途に制度融資の金利減免を挙げ、役所から全自治体に通知されていますが、ほかにも問題点はあり、多くの要望が業界団体から続々と送られてきます。

「コロナ中の赤字を審査対象にされると、どうにもならない。売上を必死に上げたことで昨対比100％を超えたため、借り換えの対象にならなかった。売上対象年度をコロナ前の売上実績に変更するべき」

「借り換えはできて返済5年の据え置きにしてもらいましたが、利息の補助がありません。そもそも政府の間違った政策でこのような事態になったのだから、融資金額は損害賠償として返済義務なしにしてほしい」

「上限1億円と定めがあるため、弊社規模からすると正直あまり意味がない制度である。上限の撤廃を希望します」

こういった声を聞き、国はさまざまな助け舟を出して、債務が増えている中小企業を救おうとしています。

・「返済猶予」などの資金繰りの支援
・「資本性劣後ローン」の活用などを通じた資本基盤の強化
・「債務減免」を含めた債務整理

骨太方針に、これらを官民金融機関や信用保証協会が力を合わせてやっていこうと記載しました。閣議決定文書にも、借り手に寄り添って相談に乗るように書いています。さらに、それだけでは足りないということで、2023年5～6月には北海道から沖縄まで11の財務局で金融機関を集めて説明会を開き、末端の支店まで徹底してやってくれるように伝えています。10月からはそれを都道府県ごとに始めました。「ちゃんとやってますか？」という確認の意味もあります。

いま、日本の銀行員数は27万人。民間ゼロゼロ融資137万件の利用者のうち2割が相談に訪れたら、ちょうど27万件。銀行員のなかに、店頭に来た経営者に対応できる能力を持つ人が何人いるのかを思うと、パンクは確実です。そこで、民間金融機関は全国3万5000人超の税理士や中小企業診断士らに手伝ってもらうことにし、国はその費用を補助の対象にしました。それぐらい、借りた方々を本気で守ろうとしています。そして、実際に相談者が来始めています。

2023年3月の数字ですが、民間ゼロゼロ融資137万件（23・4兆円）中、据え置き期間が終わった89万8592件の現状は以下のとおり。金融庁の直近のヒアリングによる数字は下段です。

・完済	37217件	4・1%	79・2%（完済・元金返済中）
・元金返済中	70796件	78・8%	
・借り換え	110377件	12・3%	14・4%
・条件変更	30782件	3・4%	4・6%、（条件変更・代位弁済）
・代位弁済	12256件	1・4%	

ほかに資本性劣後ローン、DDS債権カッ

トなどが0・4%、企業譲渡・休廃業が
1・4%

合　計　　　89859 2件　100%

完済と返済中で8割という数字です。つまり、返済に問題がありそうなのは最大でも2割、少なく見積もれば全体の1割以下で、言うなれば回収できそうにない2兆円と民間金融機関に補給した利子分8000億円という極めて安い政策で、多くの中小企業を救えたわけです。

日本というのは貸し回していくと戻ってくるすごい国なのです。それは東日本大震災のとき、私自身が議員立法した東日本大震災事業者再生支援機構が市場から調達した資金に対し、国が政府保証枠を5000億円も設定したのに4分の1くらいしか使わないで、それも現状8割方は返ってきそうである状況がわかったときに思いました。また、住専問題を処理したときに驚いたことでもあります。15年後に勘定を終えてみると、約12兆円の元本、約6兆円の買い取り額で、国負担の収支はマイナス3000億円台（数%）で、整理回収機構の他勘定の益で埋め、追加国民負担ナシでした。

コロナ禍も「災い転じて福となす」秘策

いま、ゼロゼロ融資の充実感を味わった銀行員、信金職員たちは、今度は相手先の再生支援に乗り出しています。

ただ、融資先の社長さんが経営改善支援の必要性を理解してくれなかったり、当面の資金繰りが一服したこともあって中長期的に取り組むべき課題に目を背けたりと、危機感が感じられないケースに直面してもいます。他方、やる気のある社長さんたちからは、銀行の支援姿勢がこれまでとなんら変わらないと残念がる声も聞かれます。

これは仕方のないことかもしれません。

銀行側から見ると、ゼロゼロ融資の借り手は2パターンあります。

・初めてのお客さん
・もともとの顧客

保証協会の100%保証が付いている新規取引先はフォローがおろそかになりがちです。銀行も人員に余裕がありませんし、そもそも最初から自分たちは損をしないようになっているので気になりません。

一方、プロパー融資がある馴染みの会社がゼロゼロ融資も借りてくれた場合は、なんとか頑張ってもらいたいと再生の支援にも力が入ります。自行分の返済が気になるわけですね。

この古くからのお得意先が窮状を訴え始めた場合、貸付金がリスクに晒される銀行は頭を悩ませます。もし焦げ付いた場合、銀行は不良債権を抱え、その分だけ身動きが取りにくくなります。

それを憂慮して私たちが作ったシステムがあります。

・REVIC（地域経済活性化支援機構）＝政府保証枠3兆円、復興支援ファンド300億円

・中小企業基盤整備機構＝企業再生ファンドに2443億円出資

民間金融機関は不良債権をレヴィック（REVIC）に引き取ってもらい身軽になれます。その債権カットなどによって自己資本が傷んだら、政府が保証している15兆円で穴埋めできる建て付けにしています。民間金融機関はタイミングを見て債権の2割カット、3割カットに出ていいのではないでしょうか。

それにより、副次的効果もあるからです。

DDSは、Debt(債務)とDebt(債務)をSwap(交換)、つまり債務の種類を交換すること。いまある借金(通常ローン)を、劣後ローンなど別の条件の債務に変更すること。劣後ローンは、ほかの借金の返済よりも債務弁済順位が後ろ

それは、民間金融機関が損切りを決断してレヴィックに債権を売却すると、買ったレヴィックは苦境にある企業の過剰な債務をDDS(デット・デット・スワップ)やDES(デット・エクイティ・スワップ)などを使って圧縮、同時に追加資金を出資や融資などで供給し、財務を健全化します。そして、再生ノウハウを駆使して事業を復活させ、企業価値を元通りにするのです。

いま、この仕組みによる再生案件が徐々に数を増やしていますが、DDSなどを活用した抜本的な再生は、その企業の資金繰りの見通しが明るいことが大切です。しかし、もともと中小企業の赤字率は7割(だから減税政策をとっても効果は限定的)。明るい将来展望など簡単に描けるものではなく、それが再生数が加速度的に伸びていない要因の一つになっています。さらに、銀行としてはどの段階で債権カットに踏み切ればよいのか、早めの債権カットに経済的な合理性があるのか、裏付けとなるデータがほぼないため判断が難しく躊躇してしまい、条件変更(リスケ)などでつないでいくほうに傾く理由になっています。一番の問題は、政府系に対するものを含めると30兆円張ってあるセーフティネットを使いこなせる行員らが限られていることかもしれません。そこで、一部の民間金融機関からは融資部門の担当行員をレビックに研修に行かせるという動きが始まりました。

歩みは遅いですが、民間ゼロゼロ融資137万件のうち、何％かの企業がこのスキームを採用することになるのは必定。それが1割であれば、その企業の非合理的な経営にメスが入り、短所は矯正、長所は伸ばされるでしょうから、間違いなく効率化が図られます。10万社の中小企業が必ず変わっていくという民間ゼロゼロ融資がもたらす2次的な産物に私は期待しています。復活した10万社が付加価値をこれまでよりも1000万円多く生み出すと、GDPが1兆円も増えるのも望外の喜びです。10万社のうち1万社が1億円を生み出してもGDPは1兆円増です。

成功事例はあります。

日本の債権・不動産の流動化・証券化の本格的な始まりは、SPC法が施行された1998（平成10）年です。この法律は、私が大蔵省銀行局にいた1996〜1998年に、いまだ1991年のバブル崩壊の後遺症から抜け出せずに問題となっていた「住専（住宅金融専門会社）に端を発した不良債権をいかに処理するか」という、前例のない事案に対する解決策として作りました。内閣法制局、大蔵省主税局、自治省税務局、住宅金融債権管理機構（のちの整理回収機構）、そして建設省不動産業課ほか、さまざまな方々の協力があ

DESは、Dept（債務）とEquity（株式）をSwap（交換）、つまり債務を株式化すること。いまある借金を、債権者の了解を得て株式に振り替え、資本とする

導管体……いい資産である不動産を売って得た利益をそのまま投資家に分配するための「器」で、法人税などが課税されない

って誕生したこの法律は、私が1988年に大蔵省証券局総務課調査室係長のときに米国の証券化商品の仕組みや、それを日本に導入した場合の問題点を勉強したことが下地としてあります。それから10年、熟成に熟成を重ねた末に誕生した法律で、施行後25年が経ちますが、いまも役に立っているようでうれしいです。実際に、読者も一度は利用したことがある大手ビジネスホテルチェーンの1社は、これであそこまでの規模になったのです。「あなたが作った法律と、リート（不動産投資信託）で生き残った。ありがとう」とオーナーから言われました。

ＳＰＣ法を簡単に説明すると、不動産を証券化するためには、大変な借金を背負って立ち行かなくなった企業などから、いい資産だけを切り離して新しい箱に入れる必要があります。新しい箱というのは法人でいいのですが、この法人を普通の株式会社にすると、資産をデベロッパーなどに売却した際にいったん法人税がかかって、そのあとに分配になるためうまみが減り、証券に投資する人が現れにくい。そこで、投資家にすべて配分することを条件に、法人税がかからない特定目的会社（ＳＰＣ）を新しく作り、ここを導管体として証券を売り出すわけです。これによって不動産担保の国ニッポンは、担保処分ができるようになり、相対で売るだけではなく、市場で売ることもできるようになりました。

資産だけを特定目的会社に溜めておけば、本体が倒産しても関係ありません。切り離しているためリスクは別。倒産隔離です。今回のレヴィックの原点がここにあります。

税務署の対応にも変化が

這い上がろうとしている中小企業や事業所を、国も民間金融機関も応援しているのに、税務署だけが鬼では困ります。もうギリギリの線で、それこそ血がにじむような経営を続けている宿泊業界などの方々が、国や自治体の助けが間に合わなくて運転資金が底をつくことは多々あります。それで納税が遅れたからといって、情け容赦なくすぐに取り立てを開始するのはいかがなものでしょう。

業界団体から、一部で税務署が行き過ぎた取り立てをしているという苦情が入っていますが、同じ日本で苦労をともにしているのです。税務当局もそこまで冷たくはありません。事情はわかっています。納税を回避することはできませんが、国税庁は2020年に全国の税務署に配った文章で自らの姿勢を示し、納付計画などの連絡を待っています。

国税庁の文章は、徴収事務運営要領から抜粋

【滞納整理に当たっての基本的な姿勢】

滞納整理に当たっては、事実関係を正確に把握した上で、滞納者個々の実情に即しつつ、法令等の規定に基づき適切に対処する。

具体的には、納税についての誠実な意思（以下「納税誠意」という。）を有していないと認められる悪質な滞納者に対しては、捜索、財産の差押え及び公売を行うなど、厳正・的確な滞納処分を実施し、滞納国税を確実に徴収する。その一方、滞納者が納税誠意を有していると認められるなど、法令に規定する要件に該当する場合は、猶予等の納税緩和措置を確実に講ずる。

なお、滞納者等との応接は、礼儀正しく丁寧に行う。

納税の猶予等が適用された件数は、2022（令和4）年7月から翌6月までの1年間に8万5000件以上あり、金額は2204億6200万円に上ります。

また滞納処分の停止が適用された個人・法人は、2022年4月から翌3月までの1年間に1万2570件あります。

コロナ禍で1年猶予して、さらにもう1年だけ猶予して、2023年から納税は始まりつつあります。ここで「納税誠意」のある事業者に対して税務署が一括支払いから一切譲歩しないことにより事業再生計画がまとまらない場合どうするか。

厚生年金保険料の納付も長期分割を

同じような問題があり、経営者にとって税金より大きな負担とも言えるのが社会保険料（健康保険・厚生年金）の納付です。税金は赤字であれば発生しませんが、保険料はそうはいきません。どんなに損失を出していても従業員を雇っているかぎり発生します。

もちろん、税金と同じように納付の猶予は認めてくれています。ただ、分納のシステムが税金とは違っていて厳しい。そのせいもあり、２０２２年度は2万８０００件が差押処分を受けました。前年度の4倍です。２０２３年8月時点で滞納している事業所は14万あります。

ついに日経新聞なども〝社保倒産〟の記事が出るようになったので先日、日本年金機構を所管する厚生労働省の大島氏（大島一博事務次官）にも状況を聞きました。いまのような保険料の取り立て方だと、企業が倒産した場合に年金機構のせいにされるよ、と伝えました。〝社保破綻〟です。

何度も言いますが、コロナ禍における売上減少、利益ナシは、経営責任ではありません。

2023年8月、九州から上京してきたその経営者は、怒りを抑えつつ言いました。

「山を1つ、売ったんですよ」

いくつか持っている観光関連企業の売上がコロナ禍で激減、資金繰りに窮し、億を超える社会保険料の支払いのために、先代、先々代から受け継いだ財産を手放したと言います。

「地域の活性化に尽力してきた結果がこれですよ」

全く儲からないようなバスの路線を持ち続け、利益度外視で地元を支えてきました。せめて長期間の分納を認めてくれれば、山を売ることはなかったでしょう。

彼のところのように売る山がある企業はまだいいですが、ないところはそこで終わりです。でも、つぶしてしまったら徴収できません。

支払う誠意があるのなら、延滞金はもちろん保険料の元金も半年や1～2年ではなく、税金と同じように実質的に3年や5年の長期間にわたる分割払いが認められて当然だと思います。

憲法や法律の理念に「分納は絶対認めてはいけない」と書いてあるわけではないので、徴収の制度・システムの問題です。

国も金融機関も税務当局も、コロナ禍で傷ついた中小企業の再生をリスクを背負って後押ししているのに、年金機構だけが知らぬ存ぜぬは、あり得ません。

ここは引き続き発言して全員が事業再生でまとまりやすいように制度自体を変えていきたいところです。

下支えし、再生させて1兆円アップ　600兆円⬇601兆円

第2章

マインドを変えて金融立国

資産運用立国　日本人は余力たっぷり

2023(令和5)年6月末時点の日本の家計金融資産は、2115兆円で過去最高を記録しました。

ただ、そのうちの52・8%にあたる1117兆円が現金・預金であり、政府はこの眠っている資産をたたき起こす必要があると考えています。タンスのなかや、ほとんど利息の付かない銀行口座から、株式・投信、債券などへの投資に振り向けたいわけです。皆さん個人個人が積極的に資産形成を図り、運用成果をインカムゲインやキャピタルゲインで享受すると同時に、投資などを受けた企業が成長していくことが、日本経済の隆盛につながるからです。

日本人はお金持ちのように思っていますが、上には上がいます。米国の人口は3億3330万人。日本は1億2434万人ですから2・68倍ですが、米国民の家計金融資産は1京6607兆円。日本の7・85倍です。

人口差が3倍弱なのに家計金融資産は8倍近くも違います。それだけ米国民がお金持ちで日本人は貧乏ということです。日本は英国民と比べても少ないですし、スイス国民より

日本の家計金融資産の推移
（2023年6月末時点）

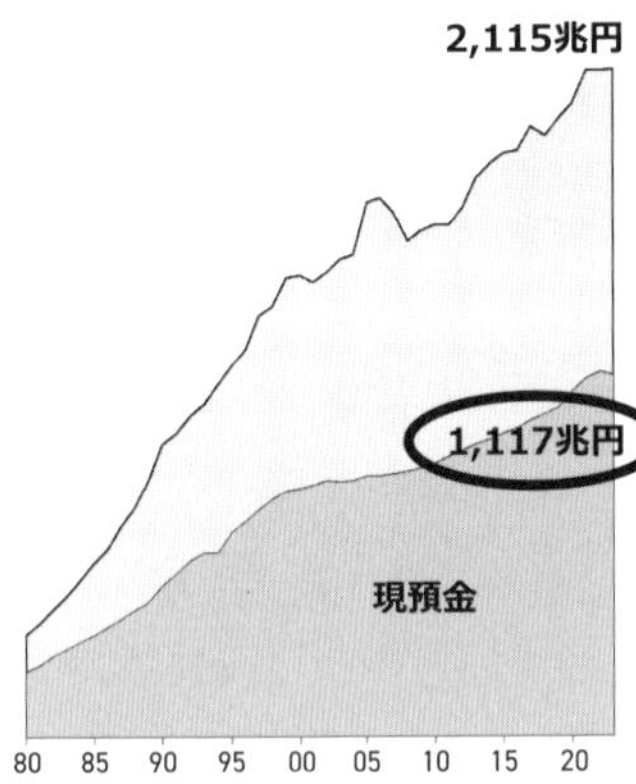

日米英の家計の株式・投信の割合
（2022年末時点）

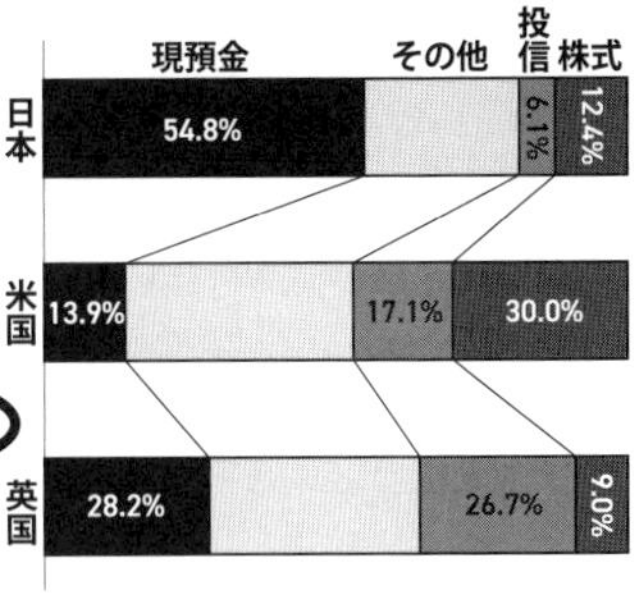

も低く、スウェーデン国民にも負けています。世界一の米国と同等になるには、日本の家計金融資産は6200兆円になる必要があります。いまの3倍です！

米国に追い付くにはどうしたらいいのでしょう。

米国の金融資産が多いのは、米国民が現金・預金をあまり持たず、大きなリターンの可能性がある株式・投信、債券に換えているからです。米国民の家計からお金を得た企業が、その期待に応えて株価を上げ、再び米国民の個人資産として戻ってくるという構図ができています。日本もこのようなサイクルにして、2115兆円を倍増させようというのが岸田総理の『資産所得倍増』プランです。

アセットオーナー……年金基金や金融機関、財団など資産を保有する機関投資家。日本のＧＰＩＦが世界最大
資産運用会社……投資運用会社、アセットマネジメント会社とも言う。顧客から託された資金を顧客に変わって増やすべく働く

【一人あたりの家計金融資産】
米国　４９８２万５９８３円
英国　２０７３万６９８３円
日本　１７００万９８１２円

では、具体的にどうしたらよいか。

日本の家計金融資産２１１５兆円のなかに、国民がかけている保険・年金は５３６兆円あります。それを保険会社やＧＰＩＦ（年金積立金管理運用独立行政法人）などアセットオーナーが、資産運用会社に委託して増やしています。その運用能力が、全部が全部ではありませんが、「低いのではないか」という指摘がかねてより聞こえてきています。私はそれも米国に大差を付けられている要因の一つであり、梃子《てこ》入れしていく必要があると思います。

これは皆さんが個人個人で買っている投資信託についても同じで、運用下手な会社が多いからリターンが少ないのではないでしょうか。

政府も同じ認識のようで、「我が国の運用セクターを世界レベルにするために」という表

米英日の家計金融資産の推移

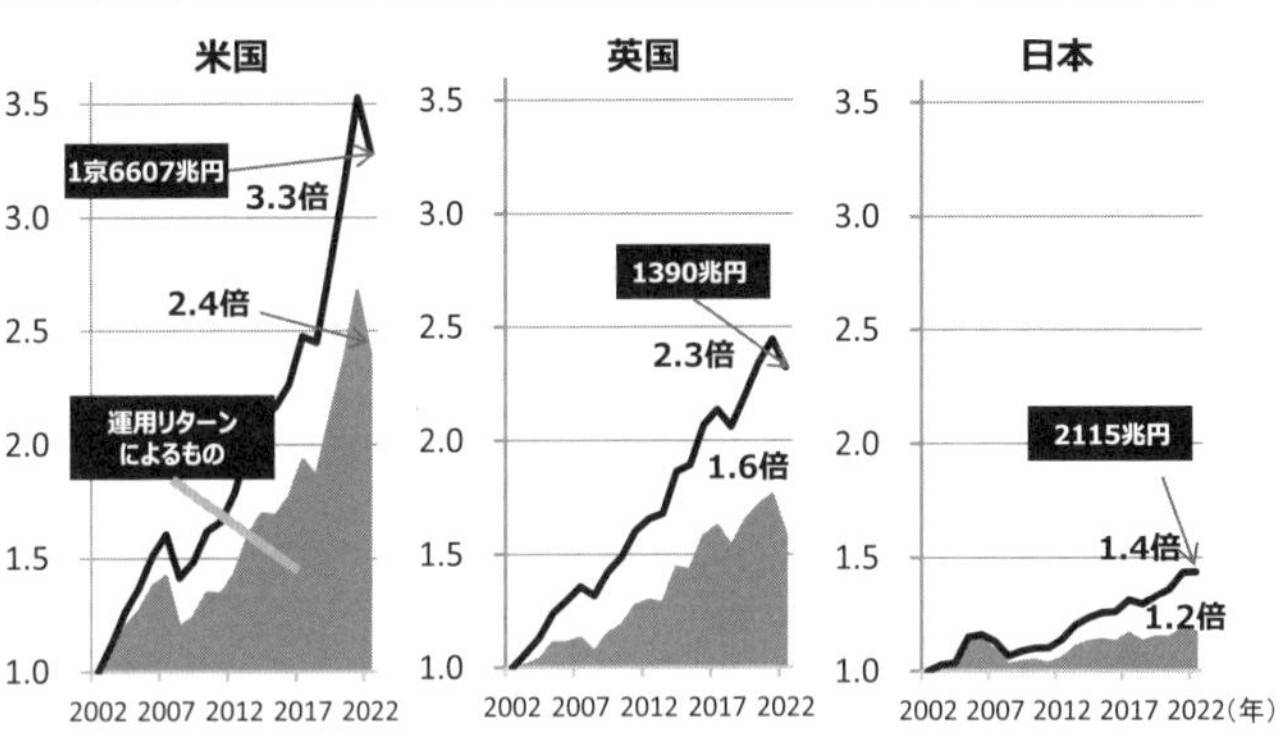

現を使い、分科会を開催しています。

以上のような投資一任と投資信託を合わせると、資産運用残高は835兆円（最新の6月末で901兆円）にも上りますが、実はこの金額も、米国7500兆円のわずか12％にすぎません。日本は投資が少ないうえに下手なのです。

氏名公表で稚拙なプロの排除

従って、一刻も早く稼げる運用担当者を育て、あるいは海外からスカウトして配置し、皆さんが期待を持ってより一層資金を投入できる環境にしなければなりません。そして、そのお金でもっともっとリターンを得るのです。

ファンドマネジャーらの質を世界クラスにする

投資一任……資産運用会社が、顧客から、その資産を運用する権限を委託されること
投資信託……金融商品で、有価証券に投資を行いリターンを得る

世界的に有名なファンドマネジャーの報酬は、2000億円とも3000億円とも言われ、英国トップのマイケル・プラットは総資産1兆5000億円とされる

には、その氏名を公表することが一案として挙げられます。米国をはじめ、インド、韓国、中国では運用担当者の明記が一般的です。それが日本は極端に低いため、たとえ損を出しても名前を知られることがありません。恥をかかせない日本特有の甘いシステムが、責任感を希薄にする一因でしょう。また、腕利きの外国人を招聘したとして、どんなに稼いでも有名になれないのであれば、モチベーションが高まりません。仕事で評価されたいのは人間共通の欲求なのです。

成功報酬で食べていける本当のプロに、兆を超える投資金の運用を任せるのが常識になったとき、日本は変わります。

金融庁の試算によれば、資産運用残高835兆円から保険・年金の536兆円を引いた299兆円が「家計からの直接投資」にあたり、これが136兆円増えて435兆円に達した場合、GDPは9兆3000億円増えるとのこと。投資1兆円あたり、GDPを684億円高めます。

【GDPへの効果】

・直接的6・3兆円（インカムゲイン＝配当金・利子）

運用担当者の氏名公表率（本数比）

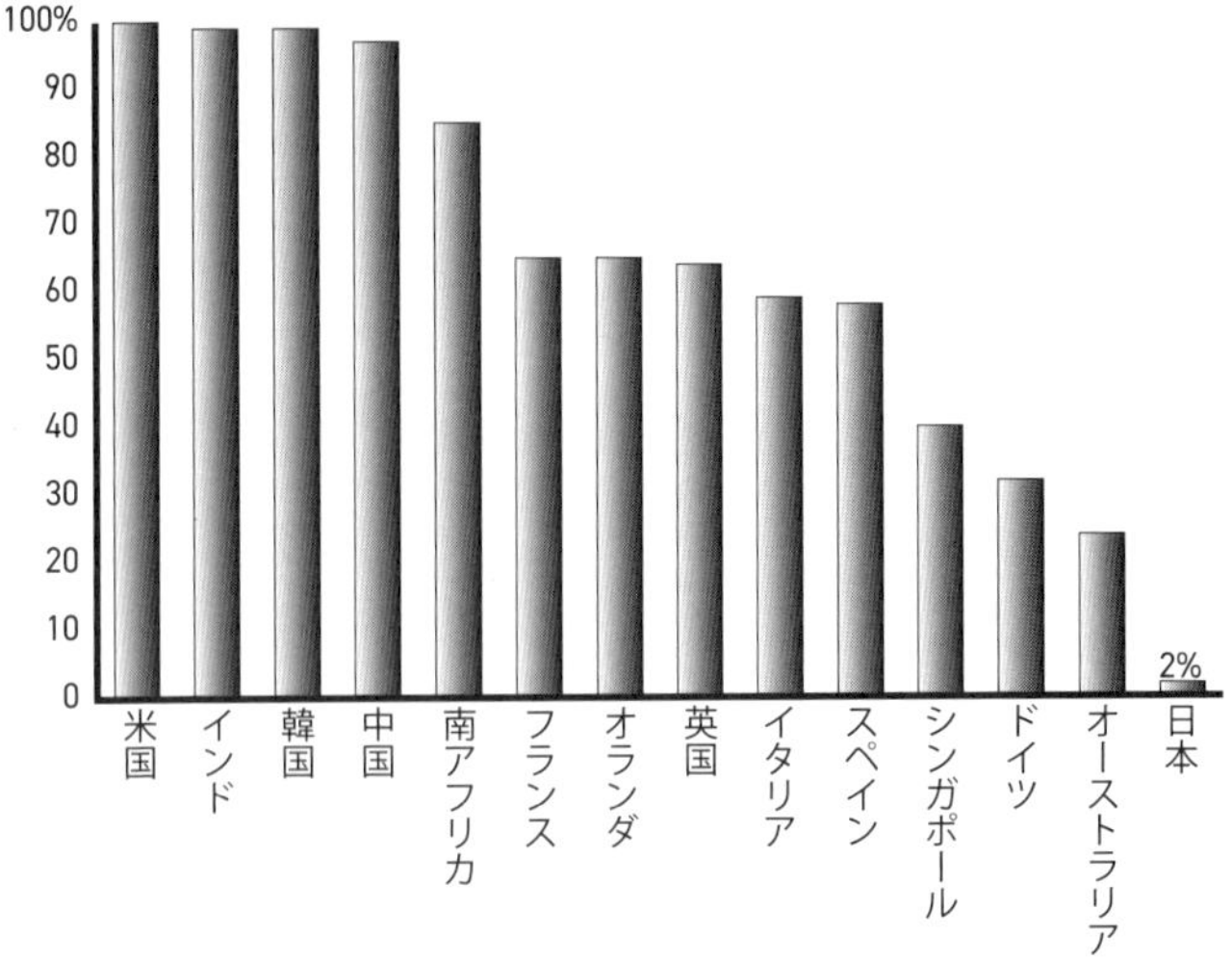

・間接的３兆円（インカムゲイン、キャピタルゲインによる家計の所得増に伴う消費増）

ご存じのように２０２４（令和６）年以降、ＮＩＳＡの買付額が28兆円から56兆円に2倍になります。これだけで、２兆円弱のＧＤＰ増になる計算です。

それを含め、岸田総理の目標は資産運用残高８３５兆円を2倍の１６７０兆円にすることですので、57兆円のＧＤＰ増になります。

なお、金融庁の試算は限界消費性向を30％と仮定していますので、伸びしろは非常に大きいでしょう。

限界消費性向……所得が増えたとき、その増えた分からいくらを消費に振り向けたかの割合これらが5年後に実現する過程で、毎年10兆円のGDP上昇は堅いのではないでしょうか。

東京を国際金融都市化　GDPが毎年2兆円増える

私は、少なくとも東京をアジアでナンバー1の国際金融都市に戻したいと思っています。国際金融都市を目指すといっても、例えばオリンピックを開催したときのように都心のビルや道路といったインフラや外観が大きく変わるわけではありません。見た目や景色ではなく、これまで日本に縁のなかった金融関連の外資が、東京に進出してきて新しくテナントとして入居したり、参入してきた企業で働く外国籍の人々がマンションに移り住むようになる、といった変化です。

その程度でも、世界中から多くの金融機関や投資家、スタッフなどが集まり、最新の情報を携えた優秀な人材が株式や投信、債券、通貨、金利などについてたくさん取引すれば、動くお金は膨大な金額になります。現物、先物、デリバティブ（金融派生商品）など、それにつれてGDPも高まります。実は、こういった金融業は東京のGDP110兆円の1

資産運用会社数

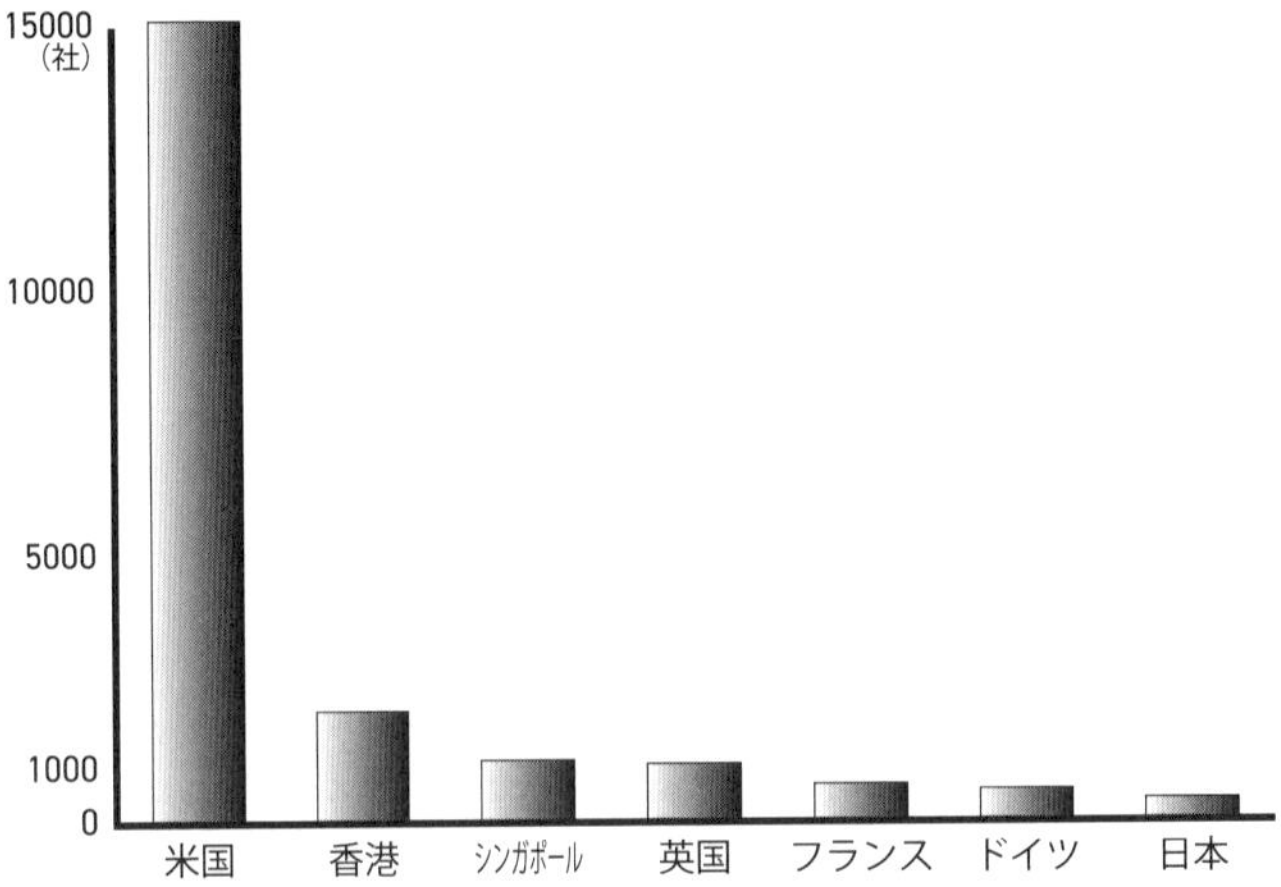

割弱を占める地場産業なのです。この10兆円の地場産業が20％成長すれば、それだけで日本のGDPは2兆円増えます。

それなのに、思いとは裏腹に、東京の国際金融センターとしての地位はここのところ下落し続けています。英国の民間調査機関が2007（平成19）年から毎年3月と9月の2回発表しているランキング『国際金融センターインデックス（GFCI）』によれば、

2022（令和4）年3月　9位
2022（令和4）年9月　16位
2023（令和5）年3月　21位

と急激に順位を落としています。2020年3月にニューヨーク、ロンドンに次ぐ世界3位になり、アジア1位になったことを思う

2023年9月の第34回調査で東京は1つ順位を上げて20位に入った

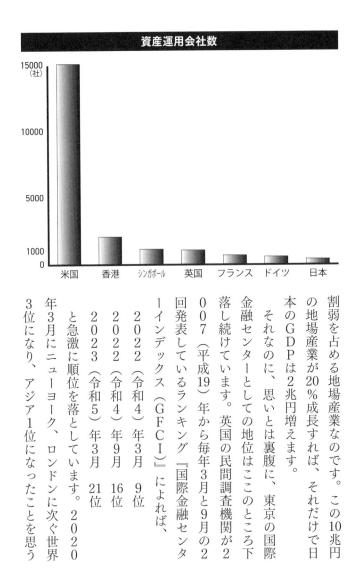

資産運用業者数

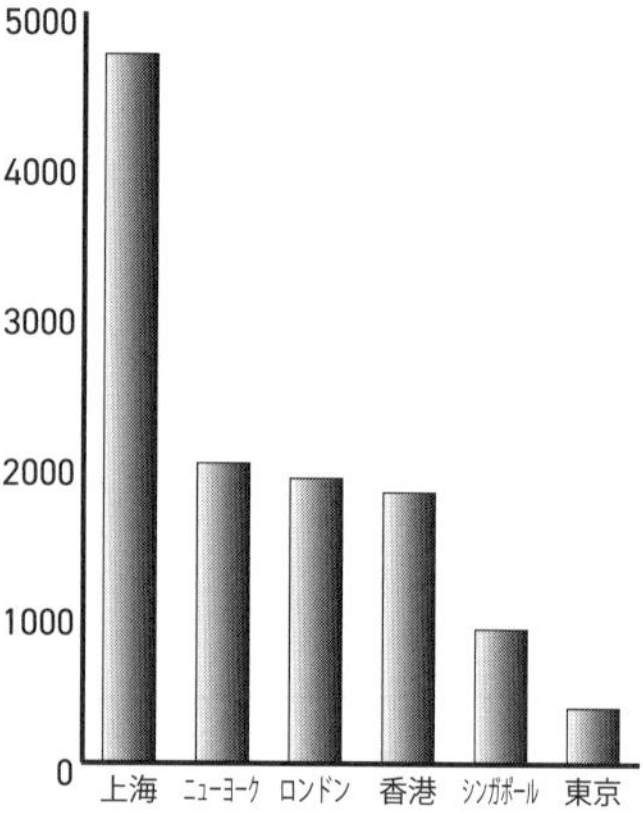

フィンテックの企業数

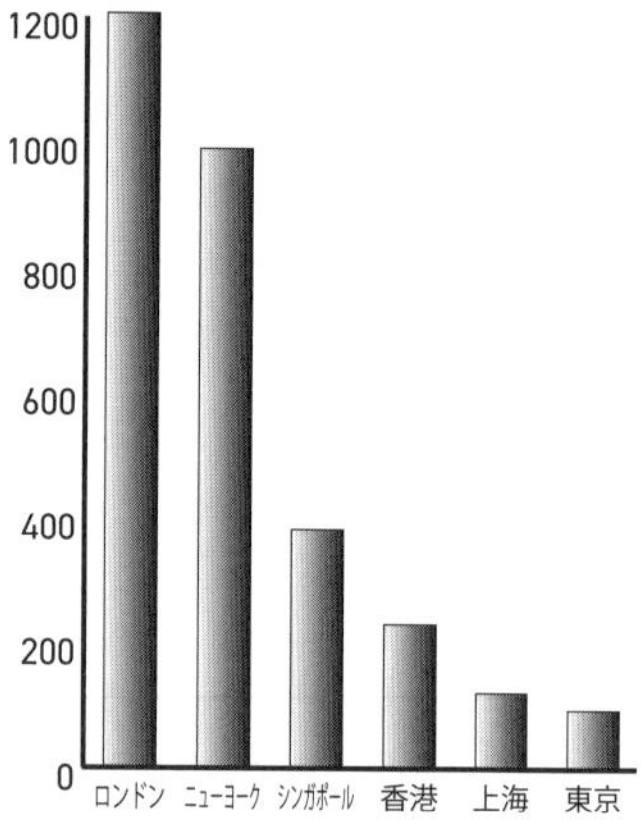

と、トップ20圏外は大ショックです。

確かに、東京に登録している資産運用業者は、国際金融都市と呼べる数ではありません。

フィンテック（ファイナンス・テクノロジー＝金融技術）の企業数も同様です。

後述しますが、私はGX経済移行債についての〝反応〟を見るためもあってシンガポールを訪れ、そのあとタイにも行ってきました。なぜ行く必要があるかと言えば、相談に乗ってくれる相手が東京にいないからです。海外勢があまり来てくれていないのだから仕方ありません。シンガポール（GFCI3位）、香港（4位）、上海（7位）には、たくさん進出しているのに……。

日本国内には多くのプロジェクトがあり、膨大な資金を必要としています。加えて、日本国

GX……グリーントランスフォーメーションは、主に温室効果ガスの排出削減を目指す取り組みのこと。それによる経済社会システムの変革

資産運用特区の創設を検討しており、東京のほかに大阪市、福岡市、札幌市が候補に挙がっている

世界の資産運用グループの運用資産規模

（兆円）

1	ブラックロック（米国）	1500.0
2	バンガード・グループ（米国）	127.5
3	フィデリティ・インベストメンツ（米国）	63.0
4	ステート・ストリート・グローバル（米国）	61.5
5	JPモルガン・チェース（米国）	46.5
6	アリアンツ（ドイツ）	45.0
7	キャピタル・グループ（米国）	40.5
8	ゴールドマン・サックス・グループ（米国）	37.5
9	バンク・オブ・ニューヨーク・メロン（米国）	36.0
10	アムンディ（フランス）	34.5
11	UBS（スイス）	31.5
12	リーガル・アンド・ジェネラル・グループ（イギリス）	28.5
13	プルデンシャル・ファイナンシャル（米国）	25.5
14	ティー．ロウ・プライス・グループ（米国）	25.5
15	インベスコ（米国）	24.0
16	ノーザン・トラスト（米国）	24.0
17	フランクリン・テンプルトン・インベストメンツ（米国）	24.0
18	モルガン・スタンレー・インベストメント・マネジメント（米国）	22.5
19	BNPパリバ（フランス）	21.0
20	ウエリントン・マネージメント（米国）	21.0
28	三井住友トラスト・ホールディングス（日本）	16.5
34	三菱UFJフィナンシャル・グループ（日本）	13.5
40	日本生命保険（日本）	10.5
52	第一生命ホールディングス（日本）	9.0
54	野村アセットマネジメント（日本）	9.0
57	アセットマネジメントOne（日本）	7.5

グリーンファイナンス……地球温暖化対策や再生可能エネルギーの活用など、地球環境を良くする取り組みにおける資金調達のこと。債券(グリーンボンド)や借入(グリーンローン)を指す

内には豊富な資金供給力もあります。つまり、諸外国からの投資を求めているのと同時に、海外への資金提供も可能という立ち位置です。日本にはGDP世界3位の力強い需要と、2100兆円を超える個人金融資産があります。しかもその半分以上が現金・預金であり、潜在的な供給力は極めて高い。さらに東京と言えば世界的に見て都市の総合力はトップクラスですし、政治的に安定していて、確固たるルールオブロー（法の支配）による運営がなされています。下地は文句ないのです。

そこにグリーンファイナンス市場が生まれて、きちんと決まった基準のなかでみんなが平等にビジネスできる時代になっています。GXに関してはアジアでは日本が一番進んでいて、アジアではほかにやれる国はたぶんないでしょう。海外勢にとってはいまが参入の絶好機です。

もちろん、高くない金利の国債に外国勢の食指が動くかどうかという懸念はあります。でも、海外企業が日本でGX関連のビジネスを、会社を立ち上げてまで行えるかというと、簡単ではないでしょう。おいしいと判断してもこの日本の面倒くさい制度下で……となると二の足を踏むに違いありません。結果として、ではグリーンボンドとかグリーンエクイティだけ買っておくか、という判断になると思います。逆に言えば、これだけ条件の揃った

グリーンファイナンスが万が一膨らまなければ、日本が国際金融の舞台に主役として立つ日は来ないでしょう。

だからこそ、いま、世界中から資産運用会社が入ってきてくれるようにするのです。資産運用のコンサルタント会社でも機関投資家でも、喜んで参入してくれるよう、お出迎えの準備をしましょう。

基本中の基本は、例えば申請や報告・届出を英語でできるようにするなど、言葉の壁を取り払うこと。もう一つは（笑ってはいけませんよ）、紙による対応をデジタル化すること。オンライン手続きの整備をすることです。用紙に日本語で記入させるなど、あり得ません。ともにまだ一部は実現していないようですので、金融庁や日銀にはぜひお願いしたいところです。

そして、サポート体制として一番求められるお金の問題。海外勢が日本に来て法人を設立、銀行口座を開設してライセンスを取り、来日するスタッフのビザを取得して営業を開始するまでのあいだに、結構な費用がかかります。いまのところ、国外から新たに日本に来る資産運用業者や金融プロフェッショナルが拠点を開設する際、最大で２０００万円のうち70％を目安として実際にかかった費用を支援していますが、これを拡大してずっと続

グリーンエクイティ……ＧＸ関連で発行される新株など

けたい。
　税金の優遇も必要です。運用会社に課税する法人税や、ファンドマネジャーなど個人に課税する所得税を、シンガポールなどのライバル都市と互角に争えるようにすること。例えば所得税は最高税率55・945％に達する総合課税（累進課税）ではなく、株式譲渡益等として一律20・315％の分離課税にすることなどです。

【個人所得税など】

	給与所得等	株式譲渡	上場株式等配当	相続税
日本	56％弱	20％強	20％強	55％（最高税率）
シンガポール	22％	0％	0％（原則）	0％
香港	17％	0％	0％	0％

※日本の給与所得等の所得税は、国税と地方税を合わせた最高税率。シンガポールと香港は国税の最高税率。地方税はない。0％とは非課税のこと。

【法人】

	法人税
日本	29・74％（大企業の標準税率）
シンガポール	17％
香港	16・5％（200万香港ドル超過分）

ここで、国内企業に目を転じましょう。GDP世界3位を生み出す日本企業ですから、中小零細企業やスタートアップ企業も資金需要が旺盛です。お金が欲しくてたまりません。匠の技といわれる高度な手作業を得意とする町工場や、革新的なビジネスを立ち上げて一気に成長を目指すスタートアップはなおさらでしょう。

しかし、そういう会社は熟練職人の技術を英語でわかりやすく説明するのがたぶん苦手です。また、新規事業を開始した若い会社は人手が充分ではなく英語による情報発信がきっとおろそかになります。英語が不十分なばかりに、ダイヤの原石のような技術や優秀なアイデアと人材を持っていても、知られることなく存在している場合があるのです。自らの素晴らしさを拡散する方法がなく、また、自身のすごさをどんな相手に伝えたらいいかがわからない。もったいないことです。

新規に日本に来た投資家側も同じでしょう。英語の情報が少ないばかりに、顧客から預かった潤沢な資金をどこに投資したらいいかわからない。このミスマッチ状態というか、機会の損失をなくす取り組みが欲しいです（婚活アプリみたいなものを英語で用意したらいい）。

意外かもしれませんが、日本は起業家精神が世界一と評価されています。

米国フィラデルフィアにある私立ペンシルベニア大学に、ウォートン校という全米最古のビジネススクールがあります。この世界最高峰のＭＢＡ提供校として知られる名門中の名門と、時事解説誌『ＵＳニュース＆ワールドリポート』が、別表の10項目を調査してランキングを毎年発表しています。

日本は総合スコアで２０２１年、78カ国中でカナダに次ぐ2位にランクされました。そして、注目すべきはアントレプレナーシップが世界1位になったことです。２０２２年はドイツ、アメリカに次ぐ3位に下がりましたが、10項目のなかで日本のハイスコアはこのアントレプレナーシップの第3位。つまり、日本の特色・特長は起業家精神と評価されているのです。

海外の目は、日本の起業家たちに集まりつつあります。そして、日本に腰を据えた海外

U.S.NEWS&WORLD REPORT
【Best Countries in the World】

①機敏性	(Agility)
②起業家精神、企業家精神	(Entrepreneurship)
③生活の質	(Quality of Life)
④原動力	(Movers)
⑤社会的目的	(Social Purpose)
⑥文化的影響	(Cultural Influence)
⑦経済開放度	(Open for Business)
⑧力	(Power)
⑨冒険	(Adventure)
⑩伝統、遺産	(Heritage)

勢の資金で起業家たちの思いが実れば、それは日本のGDPが上がることにつながります。国際金融都市化に向けて追い風が吹いているいま、私も先頭に立って汗をかきたいと思っています。

投資家への優遇税制

そもそも日本人は起業家精神溢れる人々。

ソニーや本田技研工業も戦後すぐに若者が起業して、シード期→アーリー期→ミドル（グロース）期→レイター期とグングンと育ったスタートアップ（ベンチャー）企業です。

ただ、シード（種）からアーリー期において資金を得られないと話になりません。

リスクマネー……ハイリスクハイリターンの投資資金。エンジェル投資家やベンチャーキャピタルが回収不能の危険性を背負っても出す資金

日本ではこの投資を呼び込むのが難しい。そこを国が支援していきます。令和5年度税制改正において、スタートアップに投資する個人・法人に優遇措置を追加します。

個人投資家に対しては、これまでのエンジェル税制に加える優遇税制として、「株式譲渡益を元手とする、事業化前のスタートアップへの投資、自己資金による起業を非課税化（非課税となる上限は20億円）」

法人に対しては、これまでのオープンイノベーション促進税制に加えて、「M＆Aをする場合、新規発行株式だけではなく発行済株式の取得も税制の対象にし、所得控除額は最大50億円／件（株式取得金額ベースで200億円／件）」

と拡充します。

投資家はぜひ、日本を背負い、世界を変えるかもしれないスタートアップに目を向けてください。日本はこれまで、リスクマネーの供給が米国の50分の1（2％）しかないと言われるほど消極的な投資マインドでした。私はそれを打破するべく、起爆剤の一つとして未上場株の流通市場を模索しています。

いま、日本では株式投資型クラウドファンディングがうまく回りつつあります。そうであれば、米国のように非上場企業の株式がインターネット上で取り引きでき、投資家が購入し、スタートアップ企業の資金調達機会とすることに移行しても、問題ないと思います。

起業家は経営者保証なしで

お金を出す投資家サイドに優遇税制で支援するなら、お金を借りる起業家サイドにも支援が必要です。

自分が起こした会社に資金が必要なとき、経営者が真っ先に行くのは金融機関でしょうが、いざ借りる段になると連帯保証人として個人保証の押印をせざるを得ず、いろいろなリスクが頭のなかを駆け巡り、手が震えるほど緊張するものです。起業した会社がうまくいかずに倒産した際は、自分の財産を処分してでも返済しなければなりません。奥さんから反対されたりして起業を諦める人もいるでしょう。起業をためらう人のうち、約8割がこの経営者保証を原因として挙げています。

これではスタートアップ界隈が盛り上がりません。岸田総理がスタートアップ支援というアクセルを踏んでいるのに、ブレーキをかけさせる制度となっています。

そこで政府は、経営者保証ナシで上限3500万円の創業融資を始めました。協会の保証割合100％ですから、金融機関は躊躇しません。もちろん無担保です。スタートアップ創業前の人、そして創業から5年以内の経営者は注目してください。

ちなみに、私がいま一番必要だなと思っているのは、日本版生成AIです。いまのチャットGPTは圧倒的に英語圏・英文情報ベースなので「原爆投下は正しかったのか？」と聞くと、回答は肯定的な文章が先に来て後段で疑問点、反対論です。自前生成AI開発とともに、日本について正しい英文データを貯蔵させる戦略も急務です。

注目のスタートアップを1社ご紹介

いきなりですが、体重を1kg増やすのに必要な餌の量は以下のようになっており、大きくすることが第1の目標なら、牛や豚に比べて魚は大変効率がいい。

- 牛　31・7kg
- 豚　10・7kg
- 鶏　4・2kg

・魚　2・3kg

なぜ、魚を大きく育てなければならないかというと、2030年ごろに動物性タンパク質の需要が、供給を上回って足りなくなる「タンパク質クライシス」が予測されているからでもあります。そこで日本でも、水産資源の保全の観点から漁獲量の増加が見込めない漁ではなく、魚の養殖に力を入れて良質な動物性タンパク質の確保を期しているところです。

皆さん、養殖の魚は食べたことがあっても、品種改良された魚を食べたことはありますか？

牛や豚などのお肉、そして野菜や果物などは1万年以上かけて品種改良されたものが多いのですが、水産物は50年ほどの歴史しかなく、まずお目にかかれません。原種イノシシの雄からヨークシャー種（豚）、原種エゾヘビイチゴからあまおう（苺）のように、何年もかけて原種から改良種になった魚はレアです。

そこにビジネスチャンスがありました。「魚を10～30年もかけて品種改良」するのではなく、「2～3年で超高速で品種改良」することに挑む若者が現れました。スタートアップ企

リージョナルフィッシュは地魚という意

ヘッジファンド……ヘッジとは直訳で「(リスクを)避ける、回避」。ヘッジファンドは、株、債券のほか、さまざまな金融商品に空売りやレバレッジを組み合わせたファンド

業です。

このリージョナルフィッシュ株式会社が駆使する品種改良法「欠失型ゲノム編集」は、狙った遺伝子のみを酵素でピンポイントで切って機能を失わせる手法。外部から遺伝子を注入する遺伝子組み替えとは違い、生まれた品種は本来自然界に生まれる品種と言えます。

例えば天然マダイの全ゲノムは7億5200万塩基あり、そのうち変異箇所（遺伝子個体差）は750万箇所。つまり、自然界では約1％の〝進化〟が起きているわけで、狙いを定めた遺伝子を1箇所だけゲノム編集する行為は、自然界に起こり得る進化を意図的に起こしただけです。

こうして彼らは「ナノジーン育種」と呼ぶ魚を誕生させ、すでに自社ウェブサイトで販売しています。看板商品の「22世紀ふぐ」は餌を40％減らしたのに成長性が1・9倍、「22世紀鯛」も餌を20％減らしたのに可食部が20％増えている新品種で、おいしいとの評判。早くもスシローさんが出資しています。

ゲノム編集＋魚の養殖（成長著しい産業）は世界に通用する日本ならではは技術。さらなる投資を呼び込みたいところです。

リージョナルフィッシュは、年間売上1億円程度のヨチヨチ歩きの2022（令和4）

年9月に20・4億円を調達、累計26・4億円になって成長軌道に乗りました。

参入してもらうための準備を

前述のように2023年7月、ヘッジファンドを中心とする世界のオルタナティブ投資運用とそのエコシステムの企業を会員とする協会AIMAのラウンドテーブルに出席して、日本の国際金融センターとしての取り組みについて講演しました。その後、シンガポールで活躍する資産運用会社との意見交換の場で寄せられた意見を紹介します。

○日本における外資系の投資運用業者数は、運用に必要な資産規模から考えて存在感が充分ではない。税制と日本固有の規制のあり方がその背景にある。

○税制と規制がイノベーションを阻害している。また、日本の機関投資家による新興資産運用会社への運用委託が不足している。

○昨今は、税制改革（相続税等）やビザの帯同要件の改善等、改革も見られる。一方で資産運用業の登録は外国の資産運用会社にとって日本事業展開の一里塚にすぎず、外資系

オルタナティブ投資……株、債券とは異なった値動きをする(相関性が低い)金融商品、動・不動産、インフラ、それらに投資するヘッジファンドへの投資のこと

運用会社が充分に活躍できるよう、アセットオーナーによる運用の多様化や、そのための教育・啓蒙活動も必要。

○シンガポールでは1つのライセンスで資産運用に関わる広範な事業が行えるのに対して、日本の資産運用業の登録は細分化され過ぎている。当社が行おうとしている事業においては、5〜6の異なる事業登録が必要になる可能性がある。

○日本に進出するヘッジファンドは、コンプライアンス担当者を選任しなければならない事業コストも無視できない。また、英語人材も不足しており、外資金融機関で採用可能なコンプライアンス担当者も市場全体で50〜60名程度といわれており、事業登録でのフレキシビリティを持たせてほしい。

○行政関係書類についてすべて日本語での記入を求められることや、法人銀行口座について外国銀行口座を使うことが認められないなど、日本固有の規制もあり、事業コストが嵩《かさ》む傾向がある。

対内直接投資は2030年までに残高100兆円に

日本には投資が必要です。

投資には大きく分けて間接投資と直接投資があり、間接投資というのは証券への投資。直接投資というのは次の2種類です。

一つは、グリーンフィールド投資と呼ぶ新規投資です。

台湾ナンバーワン（＝世界一）の半導体受託生産会社であるＴＳＭＣが子会社を設立して熊本県に工場を建設、新たに事業を始めるのは、こちらにあたります。

もう一つは、クロスボーダーＭ＆Ａ。既存の設備を購入して刷新したり、企業買収・合併や資本提携することです。ブラウンフィールド投資と呼ぶこともあります。

武田薬品工業が医薬品を開発するためニンバス・セラピューティクス（ラクシュミ）を９０００億円で買収したのは、こちらにあたります。

この直接投資を海外から得ることを「対内直接投資」「対日直接投資」と言いますが、私もこの増加策をあれこれと模索し始めた矢先の２０２3年4月、岸田総理が、「対内直接投資について従来の目標は２０３０年までに残高80兆円だったが、これを１００兆円に引き上げる」とぶち上げました。

近年の対内直接投資の目標額は、２０１３（平成25）年6月に第二次安倍政権が閣議で決定した「２０２０（令和２）年に残高35兆円に倍増」というもので、これは２０２０年12月末時点で39・7兆円をマークしたことにより目標達成となっていました。そこで２０２１年６月に菅政権が「あと10年で残高80兆円に倍増。とりあえず２０２５年に60兆円」という目標を設定したところ、２０２２年12月末時点で46・６兆円まで高まったことを踏まえて岸田総理は１００兆円に上方修正したのです。この先７年にわたり、毎年８兆円弱の純増を目指すことになります。

日本の現状　米国の現状

【日本　残高　日本銀行国際局　２０２２（令和４）年12月末と前年末】

対内直接投資	46兆６０００億円	40兆５０００億円
対外直接投資	２７８兆１０００億円	２３４兆２０００億円

日本は海外にこれまで３００兆円近くもの直接投資をしながら、世界各国からは46・６兆円しか投資してもらえず、せめて「１００兆円にしたいのでよろしく」と言っているわ

けです。この数字は、近10年で2・6倍以上に増えた上昇率から判断すると到達できる数字です。それならば、目標は高く、私はせめて150兆円の直接投資を呼び込みたいと思います。

【日本　フロー　日本銀行国際局　2022（令和4）年12月末と前年末】
対内直接投資　6兆2000億円　3兆8000億円
対外直接投資　23兆2400億円　23兆0600億円

では、米国はどうなっているのでしょう。

日本が46・6兆円に対して、米国はなんと17倍の788・2兆円の投資を得ています。そのうちの116兆2800億円は日本のお金で、米国に投資する国のなかで、日本は最大の出し手。シェアは14・8％に達し、2019（令和元）年に英国を抜いてから4年連続の1位です。

一方、アメリカが日本に投資したのは、たった11兆6234億円。シェアはわずか1・17％という低さ。

【米国　残高　米国商務省経済分析局　2022（令和4）年12月末と前年末】
対内直接投資　788兆2200億円　755兆7239億円
対外直接投資　987兆7157億円　956兆1623億円
【米国　フロー　米国商務省経済分析局　2022（令和4）年12月末と前年末】
対内直接投資　51兆7650億円　55兆1064億円
対外直接投資　54兆8786億円　41兆4723億円

2022年に日本がアメリカに投資したのは、4兆1400億円。
他方アメリカが日本に投資したのは1兆650億円でした。

なぜ対内投資が少ないのか？

日本がこれほどまでに人気のない主因は、「高い法人税率」と「割高なビジネスコスト」と言われてきました。しかし、ここ最近の法人税減税と円安ドル高により、その言い訳は通用しなくなりました。
法人税率は23・2％。地方法人税10・3％を含めた法人実効税率は29・74％と30％を切っています。

【法人実効税率の推移】
2014（平成26）年度　34・62％
2015（平成27）年度　32・11％
2016（平成28）年度　29・97％
2018（平成30）年度　29・74％

【G7の法人実効税率　2023年1月現在】
ドイツ　29・93％
日本　29・74％
米国　27・98％
カナダ　26・50％

日本は①法人税、②地方法人税、③特別法人事業税、以上3つの国税と、法人住民税、法人事業税、この2つの地方税がある

フランス　25・00％
イタリア　24・00％
英国　19・00％　2023年4月から最高税率25％

かつて言われたコスト高は、現在の超円安で帳消しになっています。新しく工場を建てるにも昔に比べてグンと安くなっていますし、人件費も安い。日本企業を買うのもドル換算すると破格値でしょう。

ところが、それでも対内投資は期待するほど伸びていません。もはや「原因不明」と言っても差し支えない状況ですが、諦めるわけにはいきません。前段で紹介した『国際金融センター化』、第4章で紹介する『製造業の国内回帰』で投資を呼び込みます。

毎年10兆円の安定成長　601兆円➡611兆円

第3章

これからは当面GX！

GX……グリーントランスフォーメーション(Green Transformation)。グリーンとは脱炭素の水準。トランスフォーメーションとは変化、変態、転換。「X」で表すのはトランスに交差という意味があるため

GX経済移行債がパラダイムシフトを惹起《じゃっき》

もう忘れてしまっているかもしれませんが、2023(令和5)年の暑さは日本の歴史上で最も厳しいものでした。35度以上の気温を記録した猛暑日は東京で22日にも上り、これは1876(明治9)年に統計を始めてから最高の日数。前年に記録した16日という過去最高をあっさりと更新しました。ちなみに、気象庁は最高気温が25度以上の日を夏日、30度以上の日を真夏日、35度以上の日を猛暑日と呼び、猛暑日は2007(平成19)年から使うようになった新しい言葉です。昨秋は9月28日でも東京で最高気温が33度、11月7日も27・5度の夏日になりましたので、これはもう異常と言うしかなく、さすがに環境がおかしくなったと多くの方々が体感したのではないでしょうか(それにしても明治9年から観測しているなんて、世界中に日本しかないかもしれませんね)。

近い将来、最高気温40度以上の日を定義する言葉が必要になるかもしれない日本ですが、そんな環境に皆さん耐えられます? 日本だけではなく、異常気象は世界中の問題で人類が一体となって直ちに取り組むべき課題です。

そこで世界各国は、まずは温室効果ガスを減らそうと、2015(平成27)年12月にフ

ランスのパリで開催した会議COP21《コップにじゅういち》でパリ協定を採択しました。京都議定書に代わる新たな枠組みで、人類史上、初めてすべての国が合意したものです。簡単に言えば、みんなで頑張って気温を産業革命前と比べて2度の上昇に留めましょう、せめて1・5度に収める努力は必ずしましょう、というものです。そして日本は2020(令和2)年10月に当時の菅総理が所信表明演説で、2050年までに温室効果ガスの排出をゼロにする、つまりカーボンニュートラル、脱炭素社会を目指すと宣言しました。二酸化炭素などの温室効果ガスの排出量と吸収量をイコールにして、炭素中立な日本にするのです。

これを実現するためには、実はとんでもないお金がかかります。

いまでも全世界で年間150兆円を使っていますが、これを600兆円まで高めないと、2030年の段階で、「やはり2050年までには無理」という結果に終わるという試算が出ています。あと5~6年で3500兆円使う必要があるというのです。日本について言えば、今後10年間で150兆円の投資をしないと現実のものにならないと判明しています。毎年15兆円。

さて、どうしたらいいのでしょうか、どこにそんなお金があるのでしょうか、というか、そもそもやるんでしょうか?

GX経済移行債……『脱炭素成長型経済構造移行債』で、日本が世界初の政府によるトランジション・ボンドとして発行するのは個別銘柄の『クライメート・トランジション・ボンド』。クライメートとは気候、大気の状態。(ウェザーは天気)

岸田総理はやると決めました。国として債券（ＧＸ経済移行債）を発行して資金を集め、20兆円を出します。毎年平均２兆円を10年間出し続けます、そう決断してＧＸ推進法を作ったのです。そして、必要な１５０兆円のうち20兆円は用意するから、残りの１３０兆円は民間が今後10年で投資してほしい。もちろん国の呼び水誘い水に応じてくれた企業には、いろいろメリットを提供しますからと。財務省もよく認めてくれました。

財務省としては、ＧＸ経済移行債を償還する際の原資が気になったはずです。国債全体の残高１０００兆円超から見れば、ＧＸ経済移行債は10年で20兆円という小さな規模ですが、返せるあてがないものを発行するわけにはいきません。

その不安を取り除いたのは、この先に企業から得られるであろうキャップ＆トレード（二酸化炭素の排出量の取引）や、カーボンプライシング（二酸化炭素に対する価格付け）にまつわるお金です。将来的にそれで返済できるから、いまお金を使っても問題ないだろうということで納得したのではないかと思います。ＧＸ経済移行債は、返済原資があるというところがミソなのです。

財務省としてもう一つ不安があったとすれば、ＧＸ経済移行債は１年でわずか２兆円の発行ですが、毎年市場で売っている１００兆円を超える国債の金利が、この〝新顔〟が出たことによって跳ね上がらないか、ということだったでしょう。1998(平成10)年11月からの『運用部ショック』のように、長期金利(10年国債の利回り)が0・6%台から2・4%台に短時間で急上昇することに一抹の不安を感じたかもしれません、可能性は極めて低いと思いますけど。

それはさておき。私は自民党の金融調査会長として2023年7月にシンガポールへ飛び、運用資産が世界有数のシンガポール政府投資公社(GIC)と、こちらもシンガポール政府が所有する巨大投資会社テマセクの責任者に説明、最先端環境エネルギー技術への投資状況をヒアリングしてきました。なぜ投資会社と話し合いの場を持ったのかというと、毎年2兆円の資金は、GX経済移行債を国内外の投資家に買ってもらうことにより調達するからです。この移行国債は、世界初の試みと言っていいでしょう。税金ではないのです。ジャパニーズガバメントボンド(JGB)の発行で賄います。

岸田総理も運用資産が1500兆円に迫ろうかという世界最大の投資会社ブラックロックを率いるラリー・フィンク会長兼最高経営責任者(CEO)と6月に会っています。フィンク氏はブラックロックの2023年の年次書簡(フィンクレターと呼ばれています)において投資家に向け、今後数年間の最も魅力的な投資機会のいくつかはトランジション

トランジションファイナンス……脱炭素社会の実現に向けて長期的な戦略に則り、着実な温室効果ガス削減の取り組みを行う企業に対し、その取り組みを支援することを目的とした新しい金融手法

ファイナンスの分野である、と書いた本人です。

私はこの国債はこれまでにない発想で、日本が大きく変わるターニングポイントの一つだと思っています。2030年代にGDP1000兆円を達成したとき、あれが契機となったと言われるのではないでしょうか。

お金がかかるGX　世界初の2兆円×10年の投資先

GXは、脱炭素社会に向けた取り組みのことです。そのためには石炭や石油、天然ガスなどの化石燃料を燃やすことによって得る熱エネルギーの利用をやめたり減らしたりし、あるいは熱エネルギー自体を低炭素化する必要があります。併せて電力の利用促進とその電源の非化石化も必須です。

エネルギーとして熱を利用する業界と、電力で充分な業界があります。

例えば石油製品を製造する企業は、熱が97%で電力は3%という比率です。石油を精製して得たナフサという液体をプラスチックの元となるプロピレンなどに熱分解する際には、800度以上の高炉に入れる必要があります。高熱が必要で電化が困難なのです。鉄鋼業

界もそうです。熱が84％で電力は16％。製鉄所が高炉のなかで鉄鉱石から鉄だけを取り出す還元の際に、電力では弱過ぎます。

だからといって、このままずっと熱エネルギーに依存していては地球環境がもちません。革新的な新技術を生み出す責任が人類に課されています。

世の中の蛍光灯や白熱電球から一気に主役の座を奪ったＬＥＤ（発光ダイオード）のように、ノーベル賞級（青色ＬＥＤの発明）の革新的技術を汎用化するには、長い期間と膨大なコストがかかります。だれかの支援が必要です。その歩みに伴走しつつ金銭の面倒をみるのがグリーンファイナンスであり、製鉄のようにいま排出している多大な二酸化炭素を減らす取り組みを支えるのがトランジションファイナンスです。

ただ、ＧＸ経済移行債で集めた20兆円のお金が、あれよあれよという間に溶けてしまったりドブに捨てることになってしまってはなりません。そこで、国は投資先にいくつかの条件を付け、生きたお金になることに注力しています。

まず、民間企業が自身だけでは投資判断が困難な事業を対象にしています。また、世界的な競争に勝てるような、加えて日本の経済成長に貢献し、さらに排出削減を実現するものに限ります。

具体的に言うと、技術や事業に革新性があって内需拡大や外需獲得が図れる投資、高度な技術で化石原燃料・エネルギーの削減と収益性の向上の両立に資する投資で、研究開発費や設備費、対策費になります。

ただ、いくら国が前のめりになっても、笛吹けど踊らずではGXの達成もGDPの上昇もありません。民間企業が国に続いて自ら投資を増大させるには、安心してもらうことが重要です。

企業の経営層はこれまで、政策が単年度で動いていることから翌年度以降の姿がはっきり見通せず、中長期の投資には及び腰だったと思います。そこで国は予見可能性が確保できないという民間の不安を払拭するために、2023年5月のGX推進法とGX脱炭素電源法や、2月に閣議決定した「GX実現に向けた基本方針」で、国による複数年度の関与を表明しています。今後10年はGXをやっていきますから、安心して投資してください、というわけです。もちろん、初期投資だけではなく、企業の成功度合いに応じてさまざまなインセンティヴも検討します。

また、企業にとってはある意味、海のものとも山のものともわからない不確実性の高いGX投資を促進するために、リスクに配慮した手法を用意しています。例えば国の債務保証によるブレンデッドファイナンス（官民が力を合わせる）や、GX経済移行債を財源とした新たな出資、メザニンファイナンス（劣後債、優先株式など）などです。

民間企業が本気を出し始めた

こういった民間企業に寄り添った支援策が受け入れられたのでしょう、いま多くの分野の企業がGX投資に動き始めています。

身近なところでは住宅業界。住宅ストック性能向上に向け、断熱性能の高い窓に交換する先進的窓リノベ事業を中心に今後10年で14兆円以上を投資する計画です。

大規模なところでは自動車業界。乗用車の新車は、電気、燃料電池、プラグインハイブリッド、ハイブリッドの販売だけという目標を2035年までに実現するため、他業界と重複する部分もありますが、今後10年で34兆円以上の予定です。

ただ、ここで注意しておきたいのは、あれだけ電気自動車に全振りしていたEUが、2023年3月にコロッと方針を転換したこと。2035年以降も、たとえ内燃エンジンでも条件に合った燃料を使うなら新車販売OKと言い始めたのです。これはフォルクスワー

燃料電池車(FCV)……エンジンはなく、電気でモーターを回して走る。その電気は、クルマに搭載した燃料電池が水素と酸素によって発電する。水素ステーションで水素を補給。トヨタのMIRAIが知られる

ゲングループをはじめとするドイツ自動車産業界の要望を汲んだドイツ政府の強い意向を受けてのものといわれています。

海外展開も見据えているのは水素業界です。２０４０年水素供給１２００万トンに向けて今後10年で７兆円以上を投資し、低炭素水素を国内はもちろん世界に広めるとしています。

注目は鉄鋼業界。石炭を使って鉄鉱石を還元するときに出る二酸化炭素が非常に多い業界だけに喫緊の課題となっていて、３億トンの削減を今後10年で３兆円を超える投資により実現させる予定です。さらに、２０５０年までには10兆円を超える投資を行い、水素を使った還元で製造するグリーンスチールで世界を引っ張っていこうとしています。なにせ２０５０年にはグリーン鉄が市場の25％を占めると予測されているのです。

真打ちは再生エネルギーの分野です。今後10年間で20兆円以上を投下し、一例として挙げるなら国産の次世代型太陽電池であるペロブスカイトを開発、量産体制を整備し、２０３０年度には15％前後を太陽光で賄うという目標に向かっています。

蓄電池は１５０ＧＷｈ／年の製造能力を２０３０年までに得るために８６００億円の投資です。

国が道行きを提示したことで、先行き不安の消えた民間が勢い付いています。

ペロブスカイトで起死回生

GXの領域で私がかなり期待しているのが、日光のエネルギーをそのまま電気に変換する太陽電池（太陽光発電）です。

太陽電池の原材料は半導体で、現在はシリコン半導体基板を原材料とする「結晶シリコン系太陽電池」が発電機として人気で、シェア95％以上となっています。シリコンとはケイ素とも言い、ミネラルウォーターで人気のシリカは二酸化ケイ素のことです。

この太陽電池に革命が起きつつあります。

２００９（平成21）年、桐蔭横浜大学の宮坂力《つとむ》特任教授が、灰《かい》チタン石＝ペロブスカイト結晶が太陽光を吸収し、電気を生み出すことを発見しました。研究室に迎えた大学院生が、ペロブスカイト結晶に電圧をかけると光を放つ性質があることを確認しているとき、「逆に光をペロブスカイト結晶に当てれば電気を生み出すのではないか？」と試したのがきっかけだといいます。

kW（キロワット）……１０００W
MW（メガワット）……１００万W、１０００kW
GW（ギガワット）……10億W、１００万kW、１０００MW

ペロブスカイトとは物質の名前ではなく結晶の形の名前です。つまり、ペロブスカイト型を作る原材料が必要です。それをなにから生成するかというと、ヨウ素。学校の授業でデンプンにヨウ素を一滴垂らすと藍色に変わる実験をしたことを覚えていませんか。あのヨウ素。ヨードとも呼ばれ、アルコール溶液は消毒薬のヨードチンキです。

ヨウ素は日本の海にたっぷりあります。埋蔵量は世界の65%、生産量は世界の30%に上り、ほとんどが千葉県産です。生産量世界1位のチリ（シェア6割）とツートップを成しています。輸入する必要がないのです。もう一つ欠かせない原材料である鉛《なまり》も国内で調達できます。レアメタルなど、海外から持ってこなければならない素材はなく、経済安全保障に関しての不安は一切ありません。

そういった地の利もあり、私はペロブスカイト太陽電池が日本から世界中に広がり、宮坂博士がノーベル賞に輝くのも夢ではないと思っているくらいです。実際に2023年10月4日のノーベル化学賞の発表日に向けて桐蔭横浜大学は9月13日にプレスリリースを行い、当日の受賞記者会見をセッティングしていました。すでに国内外でたくさんの賞を得ていて、限りなくノーベル化学賞に近いからです。

ペロブスカイト太陽電池がどんなものかというと、薄くてペラペラのフィルム、セロハンみたいなものです。ペロブスカイト結晶は有機溶剤に溶けるため、その液体をシートにインクのように塗って乾かせば発電機が完成です。

インクジェットプリンターのような技術を用いて、広い面に塗ることができます。例えば曲げても折れたり割れたりしない薄いプラスチックのシートに塗れば、建物の外壁や、耐荷重の小さい屋根など、どこにでも貼り付けることができます。しなやかさがあるので球面でも大丈夫。ガラス面にスプレーで吹き付けることも可能ですから、窓が太陽電池に変わります。建物自体が発電機になり、自らの電力需要を、自ら供給するわけです。あらゆる場所が発電機になり得ます。

それなりの場所・土地を見つけて設置しなければならない大きさの太陽光パネルに比べて、厚さは100分の1で重さも10分の1です。製造コストも最近高騰してきたシリコン基板に比べて低く、日光が弱くても能力があまり落ちません。室内でも発電できます。まさにいいことずくめで、当然、世界中が研究開発に乗り出しており、すでに中国では量産化が始まりつつあります。

日本としては研究開発から実証実験、そして量産体制の構築までを本当にうまくやらないと、ほんのちょっとのところで海外勢に負けます。

とくに中国にやられてしまいます。いま主流のシリコン系太陽光パネルは、かつては日本のメーカーが席捲、２００４（平成16）年の売上首位はシャープで、トップ５の京セラ、三洋電機、これに三菱電機を合わせた４社で世界シェアの半数を握っていたのに、政府の後押しを受けた中国企業がメイドインジャパンを猛追、日本勢は撤退を余儀なくされました。中国はいまでは市場の８割を占めるまでに成長しています。その二の舞だけは踏みたくない！　世界トップシェアだった半導体でもそうでした。液晶テレビ、液晶パネルもそうです。もう同じ轍は踏むわけにいきません。

ペロブスカイト太陽電池にチャレンジしている日本企業は、製造工程などすべてを自社で抱え込む考えです。これは、太陽光パネルのときの悔しい思いが各社のＤＮＡに刻まれているからでしょう。ほぼ国産でできる今回は期待大です。

現在のところでは、積水化学工業や東芝がフィルム型に力を入れ、建築物の外壁に設置する方向です。パナソニックＨＤはガラスの表面に塗る方法に注力し、ガラス建材「発電するガラス」として建築物に使う方向です。

あとは効率性と耐久性の問題です。

変換効率については、日本は世界最高レベルを維持しています。シリコン系では現在、例えばカネカが26・7％の製品を作っているのに対して、ペロブスカイトでは、耐久性はわかりませんが、京都大学と理化学研究所が22・7％に成功しています。耐久性10年では積水化学工業が変換効率15％の製造に成功しました。これが20年以上の耐久性能を持つシリコン系と並べば言うことなしです。

変換効率15％と聞くと、大したことのない数値に思えるかもしれませんが、ペロブスカイト太陽電池の変換効率の上昇度は、シリコン系のときに比べて4倍のスピードという速さで、直近7年で2倍になっていることもあり、先行きはとても明るいのです。

効率性を高めるには、基層の上に薄く張った発電層が均一に緻密に塗られているかどうかが鍵で、その「薄膜」を作る技術は中国が苦手としている分野だといわれています。これも追い風です。

耐久性については、水分に弱いという弱点をどう克服するか。エスコートテクノロジーズやアイシン、カネカをはじめ各社が知恵を絞っているところです。私は例えば凸版印刷（トッパン）や大日本印刷（DNP）などアッと驚く企業が、半導体のときのように革新的な技術を提供してくれるのではないかと期待しています。両グループのように、世の中に新たな需要ができると、必ずそれに付いてくる会社があるものです。それはまだ産声を上げたばかりのスタートアップ企業かもしれません。

私はこういった進捗を、２０２３年春に宮坂博士とともに東京電力の小林喜光会長をはじめとする電力業界のトップに詳しく紹介しています。

ペロブスカイト太陽電池の実証実験には80億円の予算が付きました。私たちの要望が後押しして出てきたのです。これでパイロットプロジェクトが始まります。どこかの市役所など公共施設の外壁や、スーパースマートシティ、エコタウンの建物などに設置することになるでしょう。それを見た中学校が、「では、ウチはこっちの壁に全部貼りましょう。生徒にも興味を持ってもらいたいですからね」という広がりを見せてくれると思います。そして、生産分量をどんどん上げて量産体制を組み、価格を下げることが次の段階です。そのための先行投資をいま、日本はＧＸ経済移行債で世界からお金を集めて始めます。

ＧＤＰがどれくらい上昇するかはわかりませんが、売上で言うと各社数百億円を見込んでいるようです。10年後には世界で1兆円、２０５０年には5兆円の市場になるという予測がありますから、日本がどのくらいのシェアを取れるかです。

小型原発、水素アンモニア発電、産廃など、明るい話題が目白押し

ペロブスカイト太陽電池に関連して、発電の分野で私が支持しているのは小型原発と水素アンモニア発電。日本の場合はこの2つが肝だと思っています。シンガポールとタイに行って話したときも、太陽光や洋上風力よりも、こちらに興味を示していました。シンガポールは小型原発を海上に造るという動きもあるようです。

日本国内にある原発は、1基で100万kWを出力します。小型原発は、大きくても30万kW以下の出力になります。もし万が一の事態があっても海上なら冷却をコントロールしやすくメルトダウンを防げます。先日シンガポール訪問の際にも政府系が注目していました。

ほかにGXについて言うと、バブル景気になるのではないかと感じているのが後述する産廃業界です。ずばり資源循環。この先伸びていく業種の筆頭ではないかと密かに思っています。ごみ発電・廃棄物発電も注目です。

そういう視点で見ると、あらゆる産業に投資のチャンスが訪れていて、鉄鋼、化学、紙パルプなど、えっと思うような日本企業に視線が集まっており、この先充分な資金を得て羽ばたく前段階に来ていると言えるでしょう。

HEV……ハイブリッド自動車(Hybrid Electric Vehicle)は、2つ以上の動力源を持ち、走行状況に応じて2つ以上同時か、個々に動かして走るクルマ。一般的に、内燃機関(エンジン)とモーターの2つの動力源を持つクルマのことを言う。モーター用の電力は、走行時やブレーキをかけたときに自動的に充電されるため、充電用の差し込み口はない。ホンダのフィットなど

バッテリー式電気自動車(BEV)に革命!

GX関連で、トヨタが「発見」しました。

長年の課題だった全固体電池の耐久性、つまり電池寿命の短さを克服する、技術的ブレイクスルー(突破口)を見つけたというのです。

そして、これまでは全固体電池をハイブリッド電気自動車(HEV)に導入しようと思っていたが、それを見直し、世界中から「トヨタは遅れている」との声が上がっているバッテリー式電気自動車(BEV)に搭載する、と発表しました。

確かに、現在主流のリチウムイオン電池で走る自動車にトヨタは注力していないように見えます。テスラとも、かつては株を3・15%取得(わずか5000万ドル=当時45億円)して資本・業務提携していた仲でしたが、7年後の2017(平成29)年に売却しています。

そのイーロン・マスクが開発を断念した急速充電と高出力を両立する次世代バッテリーで走る自動車が、4年後の2027年か2028年には実現するのです。急速充電時間10分、航続距離1000㎞ですから、これはゲームチェンジャーになり得る画期的な技術革

新。急速充電10分以下で１５００㎞走れる仕様も同時に開発中と言いますから、トヨタは本当に新技術を発見したのでしょう（現在、軽ＥＶの日産サクラで急速充電30分は航続可能距離80～１００㎞のイメージです）。

さらに、電気自動車専業のテスラと同様に、ギガキャストと呼ばれる製法を採用。大型鋳造部品による一体成形で製造し、大幅な部品統合や工場投資を抑える方針です。

ちなみにリチウムイオン電池を開発した旭化成の吉野彰さんは２０１９（令和元）年にノーベル化学賞を受賞しています。世界で初めて実用化したのはソニーで、「本当は旭化成より先に開発をしていた」と記者会見を開いていましたね。

なぜ、その液系リチウムイオン電池よりも全固体電池のほうがいいかというと、まず漏れやすく可燃性の高い「電解液（有機溶媒）」を使わず、固体の「電解質」であること。従って大電流の急速充電でも熱による発火のリスクが少ない。また、エネルギー密度が高いため小型化できる、ニッケルやコバルトなどの高価格金属を使わない、なによりもリチウムを使わないこと。

リチウムの埋蔵量は、世界一がチリでシェア50％、以下オーストラリア、アルゼンチン、中国と続きます。生産量はオーストラリアが60％近くを占め、チリ、中国と続きます。精

ＢＥＶ……バッテリー式電気自動車(Battery Electric Vehicle)はガソリンを使わず電気だけで走るクルマ。内燃機関はなく、バッテリーに充電した電力でモーター(電動機)を動かす。日産のリーフなど

ＰＨＥＶ……プラグインハイブリット自動車(Plug-in Hybrid Electric Vehicle)。充電用の差し込み口があるハイブリッド車。トヨタのプリウスなど

錬は中国とチリがツートップ。日本は主にチリから炭酸リチウムを、中国から水酸化リチウムを輸入しています。つまり、日本の生命線が、遠い南米のチリと共産党の中国。日本は上流の権益を押さえ、中流の工程についても手当てしておかないと、なにかあっときに大変という経済安全保障面の危惧があります。と書いているそばから、中国は２０２３年10月にリチウムイオン電池の負極に使う黒鉛（一番たくさん使う素材）の輸出規制に動きました。

トヨタは世の潮流に乗らず、自動車用の〝本命〟と言える硫化物系全固体電池に取り組み続け、２０１０（平成22）年に初めて研究試作品を公開。２０２１（令和３）年には東京オリンピックのマラソン競技の際に伴走車として世界にお披露目しました。

もともと全固体電池に関し、日本は特許出願件数で世界一、それも2位中国に倍近い差をつける1位です。出願件数としてもトヨタが圧倒的なナンバーワンで、パナソニックが2位、出光興産、富士フィルムも世界のトップ10に顔を出しています。

まさに日本のお家芸と言えるバッテリー分野ですが、ホンダや日産ではなく、なぜ「石油の出光興産？」と思った読者は多いのではないでしょうか。

出光興産は、あの「出光ブルー」と呼ばれる青色有機ＥＬを世界で初めて実用化した会

社。青色材料の研究の末、青い光を放つジスチリルアリーレンを発見。続けて青色ドーパント（ドーピングする不純物）、スチリルアミンを発見して、国内の発明表彰の最高賞「恩賜発明賞」に輝いているという一面があります。

トヨタは、この出光興産と協業することでブレイクスルーに到達したのです。

トヨタが全固体電池に使う硫化物系固体電解質は、出光興産が石油製品の製造過程で発生する硫黄成分を原料としています。この硫黄成分は、石油製品の品質を向上させることで副次的に生まれるものですが、出光はこの有用性を1990年代半ばから他社に先駆けて見出しており、その後の研究力と技術力によって、固体電解質として世に出すことに成功したのです。これにより、充放電を繰り返すと正極・負極と固体電解質のあいだに亀裂が生じて電池性能が劣化してしまうという長年の技術課題が解決をみました。

経済産業省は、出光興産の粒子形状の制御された固体電解質の開発をグリーンイノベーション基金で支援しており、自動車課は胸を張っています。なにせ製造コスト6～35万円と言われるバッテリーをトヨタは「手の内化」、すなわち仲間内で製造していくというのですから、10万円×100万台としても毎年1000億円の事業に育つからです。

また、潜水艦に搭載することを考えると、いまでも静寂さで原子力潜水艦を超えるリチ

EL（エレクトロ・ルミネッセンス）とは、特定の有機化合物に電流を流すと自ら発光する現象のこと

ウムイオン電池のディーゼル型潜水艦（ディーゼル電気推進機構）が浮上して充電する頻度が減るため、原潜並みの潜行時間を得る可能性が高まります。防衛省も注目ではないでしょうか。

荷物は自動運転で運ぶ

クルマ関係をもう一つ。

私は自民党の自動車議員連盟交通対策委員長を務めていることもあり、コロナ禍における観光バス業者の窮状や、路線バス廃止問題などに接してきました。

いまは「２０２４年問題」です。

２０１９（平成31）年４月の改正労働基準法により、２０２４（令和６）年４月からトラックドライバーら自動車運転業務の時間外労働の上限が年間９６０時間に制限されます。5年間の猶予期間が終わるのです。

平均１カ月に80時間しか認められなくなると、荷物量が増加するなかで人手不足が続いている物流業界は、さらに混乱するでしょう。業量に全く追い付きません。

さまざまな解決策が上がっていますが、私は自動運転に注目しています。2023年4月に道路交通法を改正し、システムによる監視の自動運転レベル4を可能にしました。クルマのなかにドライバーがいなくてOKなのです。

そこで、トラックやバスではありませんが、このレベル4の自動運転タクシーを、ホンダと米国GM（ゼネラルモーターズ・カンパニー）、そしてクルーズ（GMの子会社）の3社が協同して2026年初頭から東京都心部で始めると発表しました。迎車から目的地到着まですべて完全自動運転。インフラに依存しない自律型で、ここが福井県永平寺町のレベル4とは違います。

ただ、その発表があった数日後の2023年10月24日、米国カリフォルニア州陸運局はクルーズの無人運転試験の許可を停止しました。事故が続いたことや当局との行き違いが原因のようですが、現地の利用者からはクルーズのタクシーが予約できなくなったことを残念がる声が上がっているようで、安全性についてはすでに市民の信頼を勝ち得ている様子がうかがえます。日本と比べて米国はこの分野の社会的な受容性が高いこともあるでしょう。

クルマ社会の米国加州でクルーズがファーストペンギンを務め、東京でホンダが続く構

レベル1……運転支援　レベル2……高度な運転支援　レベル3……特定条件下での自動運転　レベル4……特定条件下での完全自動運転　レベル5……完全自動運転

図。ホンダは以前から自動運転に注力しており、私のもとにも技術実証実験の相談が何度かありました。

物流にしろ、観光にしろ、収益を拡大する千載一遇のチャンスが訪れているのに、人員が足りないからと、指をくわえているわけにはいきません。自動運転レベル4と5は、GDP増への貢献も大。ホンダとGMの自動運転タクシーから、トラック、バスへと広がっていくように私は応援していきます。

核融合でエネルギー確保

日本のエネルギー自給率は2021（令和3）年度で13・4％しかありません。2014（平成26）年度には6・3％にまで下がったことがあります（過去最低）。

石炭、石油、LNGなどの鉱物性燃料をほとんどすべて輸入に頼っている日本が2022（令和4）年度に海外に支払った金額は、ロシアのウクライナ侵攻によるエネルギー価格高騰が大きく影響して35兆円を超えました。

そのせいもあって輸入額は120兆9549億円で対前年比32・2％増となり、過去最大を記録しました。輸出額も15・5％伸びて99兆２２６４億円と頑張りましたが、差し引いた貿易収支はマイナス21兆７２８４億円で過去最大の大赤字です（比較ができる１９７９年以降）。

これから先も、価格が高止まりしたエネルギー源を海外に毎年35兆円ずつ払って買うことになる日本。現在止まっている原子力発電所を動かしても、それを１・６兆円しか減らせないという試算がありますので、いまの状況が10年も続けば大変なことになります。

【原子力発電所の運転状況】

営業運転中　9基
調整運転中　1基
停止中　23基（定期検査中）
廃止措置中　20基
廃止　6基

核融合発電が見えてきた

そこで期待が集まっているのが核融合。

核分裂反応を利用する原子力発電ではなく、核融合（フュージョン）を利用してエネルギーを得たいという人類の願いは、1960年代から50年以上続いています。

これまでの技術である核分裂は、ウラン235が中性子を吸収し、原子核が不安定になって2つに分裂する際に出す大きな熱エネルギーで水を温め、蒸気でタービンを回して発電する原子力発電に利用されてきました。問題は、核分裂生成物という〝核のゴミ〟が出ることと、制御が難しいことです。また、日本はウラン235を輸入に頼らざるを得ない国です。

これに対して核融合反応は、海水中に無尽蔵にある重水素（陽子1つ、中性子1つ、電子1つ）と、こちらも海にたっぷりあるトリチウムから生成する三重水素（陽子1つ、中性子2つ、電子1つ）を、1万度以上に熱してプラズマ状態を作ります。すると、重水素と三重水素の電子が自由に動き回るようになり、さらに1億度まで熱すると、電子の縛りがなくなった2つの原子は融合して、ヘリウム（陽子2つ、中性子2つ、電子2つ）と1

つの中性子に変わります。その際に出る大きな熱エネルギーを利用し、蒸気で発電機を回そうというものです。重水素1g（海水35リットル）が、8000リットルの石油と同じ価値になります。

なぜ、重水素と三重水素の合計（陽子2つ、中性子3つ）が、ヘリウム（陽子2つ、中性子2つ）＋中性子1つに変わっただけで大きな熱エネルギーが生まれるのかというと、後者は陽子と中性子の数は同じでも質量が小さくなるからです。アインシュタインのE＝mc^2（エネルギー＝質量×光の速度の2乗）で言えば、質量が減った分だけエネルギーが生まれます。

なお、プラズマとは、温度が高くなるにつれて変化する物質の第4の状態で、固体→液体→気体→プラズマです。

2023年10月、このプラズマの生成に、茨城県那珂市にある実験施設『JT-60SA』が成功しました。この実験装置は日本が注力しているトカマク型で、プラズマを磁場で閉じ込める方式では現在稼働しているなかでは世界最大の日欧合作。

世界的にメインとなっている磁場閉じ込め方式では、ほかに日本独自のヘリカル型があり、1億度のプラズマ温度や、1時間近いプラズマ保持時間を世界で初めて成し遂げてい

重水素（陽子1つ、中性子1つ、電子1つ）
三重水素（陽子1つ、中性子2つ、電子1つ）
ヘリウム（陽子2つ、中性子2つ、電子2つ）と1つの中性子

ます。

キーは静岡県浜松市にあり

そんななか2022年12月5日、米国ローレンス・リバモア国立研究所がトカマクではないマイナーな「レーザー方式（慣性閉じ込め方式）」で、プラズマがどうのこうのというレベルではなく、一気に核融合点火状態を成し遂げました。

点火状態とは、投入エネルギーよりも高いエネルギーが出力される状態。129本のレーザーを小さい燃料ペレットに照射して1億度まで高めたところ、レーザー光による投入エネルギー2・05メガジュールに対して、核融合エネルギー出力として3・15メガジュールを得ることに成功したのです（1・54倍）。人類史上初めての快挙であり、核融合発電が明確に視野に入った瞬間です。

このレーザー方式は、実は日本が得意としているのです。

ローレンス・リバモア国立研究所のレーザーは、冷却が難しいガラスを媒質としたレーザーで8時間に1回しか照射できないといわれるのに対し、日本はセラミック媒質で冷却も工夫しているため高繰り返しができ、かつ、出力もあります。浜松ホトニクスが100ジュールで1秒に10回（10ヘルツ）、大阪大学が10ジュールで1秒に100回（100ヘルツ）という技術を持っています。

浜松ホトニクスは、2～4年で1キロジュール・10ヘルツに到達し、核融合の実用化に必要な1メガジュール・10ヘルツの出力を見据えています。

これまで核融合発電は「あと50年もすれば」「あと30年で」という時間で語られてきましたが、もしかすると世界中の知恵を結集した仏国イーター（ITER）をトップとする主流のトカマク型ではなく、レーザー式が「あと10年」という短い期間で成果を出すかもしれません。それも日本の技術で、日本において。海外から投資が集まるのは間違いありません。

私事ですが、浜松ホトニクスの故晝馬輝夫社長・会長には大変お世話になりました。期待してます！

2030年に80兆円の市場規模に！

産廃業界が楽しみと書いたとおり、この先、数年間は「循環経済」という言葉をよく耳にすることになるかもしれません。これはサーキュラーエコノミー（CE）のことで、経済が円（サークル）のように回ることです。

これまでは「線形経済」でした。リニアエコノミーと言います。経済が直線、一次（リニア）に進むことです。具体的に言うと、天然資源→大量生産→大量消費→大量廃棄。これに対してサーキュラーエコノミーは、天然資源→効率的生産→効率的利用（リユース、シェアなど）→回収リサイクル→廃棄という流れになります。

欧米、とくにヨーロッパで始まっている新しい経済概念で、資源や製品を経済活動のさまざまな段階で循環させることによって、資源効率性を上げ、新たな資源の採取やエネルギー消費、そして廃棄物発生を最小限化するとともに、その循環のなかで付加価値を生み出し、新たな成長につなげていこうというものです。試算によると、2030年に世界全体で675兆円の経済効果があるとされ、その内訳は以下のようになっています。

・無駄になっている資源の代替　２５５兆円（再生可能エネルギー、バイオ燃料など）
・使われていない遊休資産の活用　90兆円（シェア、プーリングの活用など）
・まだ使える製品の活用　１３５兆円（修理、回収、再加工、中古品市場など）
・捨てられている素材価値の回収　１９５兆円（リサイクル、エネルギー回収など）

日本は２０３０年までに80兆円を政府目標としました。２０２０年時点は50兆円ですので、30兆円の市場規模が生まれます。

欧米の厳しいハードル

例えばスマホのバッテリーはどうなるか。

ＥＵの政策執行機関である欧州委員会は、バッテリーにおいては２０２７年末までに回収率63％、電池のリチウムの回収は50％と規定しました。

バッテリーではありませんが、米国アップル社は出荷した製品の全アルミニウムのうち59％が再生素材由来であり、多くの製品の筐体《きょうたい》に１００％再生アルミニウムを使っていると発表。最終的には再生可能あるいはリサイクル可能な素材のみを使って製品を作ると宣言しています。

自動車はどうでしょう。

ＥＣ（欧州委員会）は、クルマに対して設計段階で循環性を要求。再生プラスチック最低含有率25％を義務化しました（２０３０年）。それに応じてメルセデスベンツは、全再生材使用率を乗用車において40％と設定。ボルボは２０２５年までに25％としています。

バッテリーは鉱物資源、自動車は化石資源（石油）をもっと効率的に使おうというわけです。２つとも欧州は輸入に頼っているため、経済安全保障の点でも喫緊の課題で、これは日本も同じですね。

ＣＥへの移行は日本の勝ちスジ

効率的に生産して、効率的に回収リサイクルするのがサーキュラーエコノミーの要点であれば、これって日本の得意分野ではないでしょうか。

循環経済をうまく回すには、動脈産業と静脈産業が一体となって機能する必要があります。動脈とは製造業の大きな会社、静脈とは全国に点在する中小零細町工場。日本は奇跡的に製造業の全工程が残っている先進国なのです。両者が連携して生産、そして各地で利用したのちに地元で回収リサイクルを行えば、世界の模範になり得ます。その技術やシステムなどを海外、とくに循環経済が苦手な東南アジアに伝えていくと、連動して輸出も増加します。

2023年8月10日、酷暑のなかスーツを着て富山県入りし、廃棄物処理業のハリタ金属を訪問したのは、岸田総理です。それぐらい本気で80兆円規模の市場作りに取り組んでいます。2024年6月には第五次循環基本計画が閣議決定される予定。

世界に向かって、産廃業者さんの出番です。

この先は毎年新たに5兆円のGDP計上　611兆円➡616兆円

第4章　経済安全保障の時代です

バブル経済……バブルは「あぶく」。資産価格がファンダメンタルズ価格（理論価格）よりも著しく高い状況。日本では1991（平成3）年までの5～6年のあいだ、株価や不動産価格が実体経済とかけ離れて高騰した。中国は主に不動産の高騰

中国バブルの弾け方

中国経済のバブル崩壊が世界中で話題になっています。日本のバブル崩壊をあれだけ研究し尽くした中国なのに、ソフトランディングできそうにありません。すなわち、一度バブルを誕生させてしまったらコントロールできないということです。

日本のバブル崩壊のときに私は大蔵省銀行局で処理の当事者でした。

崩壊したバブル経済の後片付けを担った者として、中国当局者とは2019（平成31）年に北京で行われた第5回日中ハイレベル経済対話（これが最後）に規制改革担当相として出席して顔を合わせています。また、国家発展改革委員会とも話しています。

私の前で、彼らはちゃんと辻褄の合うことを言います。ただ、それも2022年までの習近平政権2期目までで終わりました。中央財政委員会弁公室主任で副総理だった劉鶴《りゅうかく》さんが政権を離れ、混迷が始まってからは対話できていません。

そんな中国の経済・金融がこの先どのようになり、どう後始末をつけたらいいか、日本の経験をもとにここでお伝えしていきましょう。そして、日本はこの中国の経済危機にどう対応し、どうプラスに転じていけばよいかを考えたいと思います。

中国人民の資産形成は、自分が住む不動産と、投資不動産、この2つを持つことが基本と言えます。投資不動産の借り手がいる保証はありませんが、右肩上がり神話のなかで、それは当たり前のように量産されました。中国共産党幹部が支配している22の省と4つの直轄市においては、ビルでもマンションでも建物は造れば造るほど、GDPは増えれば増えるほどいいとされ、結果、14億人の人口に対して34億人分とか45億人分とかの住まいが出来上がってしまいました。

それでお金が回っていたのですから、もう典型的なバブル経済です。本人たちもわかっていたと思います。中国人民銀行のトップも国際舞台に出てきたときは割と一丁前というか、まともなことを言っていました。全部承知していたのでしょうが、政治的な理由でつぶせなかっただけです。これが2000年代の初めから続いており、日本のバブルの何倍もの大きさで、よく20年も持たせたと感心します。

不動産開発企業の大手である恒大《こうだい》集団（エバーグランデグループ）も、最大手の碧桂園《へきけいえん》（カントリーガーデン）も、同じようなこと、ビジネスというよりもゲームをやって巨大になり、終焉の時を迎えています。

中国は破産法は整備していますが、我々が日本で作った民事再生法のような再生スキー

中国共産党……党員数9800万人（人口比6・9％）を擁する事実上の独裁政党。女性はそのうち3割の2930万人だが、これまで最高指導部の政治局常務委員（序列7位以上）に就いた女性はおらず、中央政治局委員（序列8～24位）のなかにも現在はいない

2023（令和5）年12月現在、1ドル7・2元、1元20・8円。これによれば1ドル150円

ムはないかと思います。不良債権の開示もいい加減でしょう。そもそも不渡りを2回出しても銀行取引停止にならない国ですから、得体の知れないまさにゾンビ企業としてのらりくらりと生き長らえるかもしれません。

最終的には中央銀行である中国人民銀行が人民元を印刷するでしょう。刷って企業に配り、お金をなんとか回し、人民の不満を抑えます。

そんな人民元にこれまでのような価値はありません。中国はコロナ禍が始まる前は輸出で稼いだ米ドルと同じ額の人民元を発行していたようですが、いまはその〝自主規制〟を撤廃して必要な分だけ刷っているといわれ、交換レートは強気に設定していますが、実質どんどん下がっており、いつまで持つのかという気がします。

弾けたバブルの処理

バブルが弾けたら、その処理は日本が行ったのと同じ方法しかないと思います。

参考になるのは住専処理です。住宅金融専門会社、略して住専は、民間の大手金融機関などが、自分のところではうまくできない小口の個人向け住宅ローンで儲けるために出資

して、大蔵省の主導で設立した子会社のこと。バブル経済のもとで、母体行や一般行らから多額の融資を得て、不動産業界への貸付を急速に増やしていきました。住専はこの7社のほかに、農林中央金庫など農林系が出資した1社があり、こちらはいまも営業しています。

この7社がバブル崩壊で窮地に陥いりました。

「貸した金が返ってこない。金利も払ってこない」

「担保に取った不動産の価値が目減り」

「土地が売れない、会社を運営する金もない」

という惨憺たる状況で青色吐息。政財界から「このままでは巨額の損失を出して金融システムを混乱させるぞ」と、時限爆弾のように恐れられました。

このとき、私たちが描いた処理方法を紹介します。

住専は、調べてみたら総資産12兆6000億円と言っていましたが、そのうち6兆5000億円は泡と消えていました。これを母体行と一般行、そして7社に5兆6000億円も融資していた農林系に被ってもらうことにしました。それぞれ3・5兆円、1・8兆円、0・53兆円、泣いてもらったわけです。国も大蔵省に責任がありますので、6850億円

中国のＧＤＰ２５００兆円のうち30％の７５０兆円は不動産関連

の補助金を出しました。そして西村吉正銀行局長は依願退官、篠沢恭助事務次官は辞任。まず、これで計6兆5000億円の処理は終了。なお、住専問題における税金投入は一次損失になったこの金額だけです。

次に、私たちは住専の債権、7社合計6兆1000億円を引き継ぐ住専管理機構（住宅金融債権管理機構）を作りました。そして、2年半後に整理回収機構（FCC）に姿を変え、集めた住専の債権4兆7000億円を国が責任を持って時間をかけて確実に処理していきました。

債権を買い取るときは、国が買うことを理解してもらって低めに押さえ、貸付金の回収は中坊公平社長をはじめ、しっかり過ぎるほどやりました。15年かけて終わり、結果的に二次損失に税金を投入することはなく、逆に国庫に68億円納付しました。

日本の場合は、確かに経営者も関係者もある意味立派で、借りたお金を返そうとしますし、全額返済できないまでも、なんとかしようとします。日本の国難となった場合はそういう規律のある経済主体になります。

これが中国にできるかどうかですが、日本と同じことをやろうとしても、人民が行動に移さないのではないでしょうか。日本人は15年のあいだ辛抱強くやって被害の拡大を食い止めました。中国人はその辛抱強さを国民性として持っていないと思います。また、中国共産党としても、15年後の政治体制など不透明で、長期的な展望は打ち出しにくいでしょう。

現下でやっていることは、個別の金融機関と不動産会社を血祭りに上げる程度で、国務院（内閣）直属の国家金融監督管理総局や、財務部のトップや昔のトップ、あるいはその上の副首相の首が飛ぶことはなく、主導した国家発展改革委員会の何立峰《かりつほう》主任が詰め腹を切らされることはありません。日本では官僚のほかに大蔵大臣の三塚博氏や松永光氏も辞めた形になっているのです。「悪かったこと」「誤ってしまったこと」にはちゃんと決着を付け、きちんと責任を取って問題を長引かせてはいけません。でも中国は日本の住専処理のような6兆5000億円の損失は許されないでしょう。それを突破口に全体の幕引きに向かわなければなりませんが、額面2000兆円の資産のうち1500兆円を腐っていても持ち続けるといったことになると思います。

結果、日本のように債権を国内で処理することはできず国外で売ることになり、その日から中国以外の国が評価した価格になるため暴落します。

これも日本は経験しています。

中国の不良債権は銀行が80兆円とされるが、銀行の貸出残高4450兆円のうち不動産セクター・住宅ローン向けが1100兆円（シェア25％）ある。債券市場総額3000兆円のうち何割かが不動産関連に流れている日本長期信用銀行（長銀。現新生銀行）は8兆円の公的資金の投入を得て延命していました。ところが、これを買う国内勢は一向に現れず、米国の投資ファンドであるリップルウッドがたった10億円で買い、増資1200億円で再生させ、新生銀行として上場を果たしたことにより大きな利益を上げました。国税がこれに課税できなかったことに、日本人は歯ぎしりしたものです。

あれほどの底値だったら儲かるに決まっているのに、日本人はだれも手を挙げませんでした。世界は、日本が受けたこのレッスンを見て学んでいます。今回は主にシンガポールやタイの中国資本がお値打ち価格で買収するかもしれません。鉄火場の強さでは中国人に太刀打ちできそうにない日本人ですが、参戦する投資家が現れるところを見たいです。

地方融資平台が終わる時

中央銀行の中国人民銀行とともに、不動産バブルの形成に一役買ったのは、国有銀行です。

中国の国有銀行は、４大国有商業銀行とされる中国工商銀行、中国建設銀行、中国農業銀行、中国銀行と、交通銀行、中国郵政貯蓄銀行などがあり、4大商業銀行の保有資産は6900兆円といわれ、中国全体の8割に及びます。

国有銀行と並ぶのが地方融資平台というインフラ投資会社です。地方政府はここを使って資金を集め、不動産開発に邁進しました。2027年にはIMF推計2000兆円という超巨大債務を抱える地方融資平台。12～13年前、日本に宣伝に来ていましたが、私はホテルの会場で「これは危ないな」と感じました。以降、日本で引っかかった債権者がいるという話は聞こえてこないので、皆さんあまり手を出さなかったのだと思います。

この地方融資平台が終わりを迎える時は、どうなるのでしょう？

米国で連邦破産法第15条の適用を申請した恒大集団のように、米国内に資産があれば保全、それを使ってドル建ての借金を相殺、国内は好きなようにする方向でしょうか。うるさい海外の債権者に対してだけ支払いを終えれば、中国人民など、どうとでもなるというわけです。

そうして、海外に向けて政体を維持するしかありません。そもそも社会主義、一党独裁というのは、体制の安定維持が究極の目的になります。その根幹をなしている共産党トップに責任が及んでは絶対にいけません。政策が失敗だったと認めることは決してなく、そ

NHKの調査報道によれば、実質的に地方政府が返済保証している地方融資平台の債務は2022年末で1120兆円。地方政府自体も公式に700兆円の債務を認めている。地方だけで1800兆円を超える債務があり、さらに中央政府には520兆円の債務がある

れがバブルの後始末に踏み切れない要因です。とくに、地方政府に金を借りさせる方針は、いまの習近平体制になってから始まっているため、非常にナーバスな話です。

たぶん、早晩に地方政府はお金が回らなくなります。すでになっているかもしれません。資金ショートを避けるため、中国人民銀行が地方都市に支店を作るという動きが出てきました。流動性の供給窓口。刷ったお金を流す〝神の手〟です。日本は日銀の支店が32都市にあり、事業所は14カ所あります。戦前・戦後の混乱期を乗り切るために整えた仕組みです。

日本は不良債権の処理を行う際、必要と思われる費用の何倍ものセーフティネットを敷きました。コロナ禍のいまもそうで、資金は十二分に用意しておき、使わなかったら「それはよかったじゃない」という考え方です。中国の場合、いくらのセーフティネットを敷けばいいかわかりませんが、GDPと同額とも言える巨大な不良債権ですので現実的ではない金額が予想できます。

中国のウルトラCは、新元への切り替えでしょう。戦後すぐ、1946（昭和21）年2月16日土曜日夕刻の日本の新円切替のように、あらゆる主体に損をさせるということです。人民の手元にある旧札を使えないようにし、預金は封鎖。「銀行に1万元ありましたが、新元では7000元ね」。これにより、元の減価がわからなくなります。ついでに財産税を取るかもしれません。中国は国民の資産やお金の流れをかなり把握しています。文句を言ったら全部押さえておしまいです。

そして、文化大革命ではありませんが、習近平国家主席は主に農村部で暮らす6億人といわれる貧困層と、1億人弱の共産党員が満足する政策をとるでしょう。政治的なマスマーケットはそこであり、そこさえ持たせれば体制の維持は図れます。

いずれにせよ、中国の現状は、私たちが最初に不良債権問題に直面したときよりも前の時点です。金額も金額ですから、かなり野蛮な処理をしないと成り立たないでしょう。そのシナリオを書けるブレーンが習近平主席の近くにいるかどうか。理論的な面は王滬寧《おうこねい》さんがやっていると思いますが、金融問題に精通しているかどうかはわかりません。

この先、中国のGDPは縮み、元はもっと下がります。刷りまくっている元は事実上、実勢価格と公示相場に乖離があり、二重価値になっているものを一重価値にしているようなもの。現状なんとか高く見せているのです。中国は日本の5～6倍規模の年間輸出額539兆円、輸入額407兆円という貿易大国ですから、ドルとリンクしていないと収益が不安定になります。これは韓国も同様で、ウォンは事実上ドルペッグ制です。FXをやって

ペッグ制……固定相場制のこと。香港ドルは、1米ドル＝7・75～7・85香港ドルとするドルペッグ

ＡＢＣＤ包囲網……1935(昭和10)年ごろから米国(America)、英国(Britain)、中国(China)、オランダ(Dutch)の4カ国(頭文字ＡＢＣＤ)が、南進する日本に対して敷いた経済封鎖網

いる方たちは知っておくべきでしょう。

台湾とどう協力する？

経済政策と安全保障政策は、いまやもう一体です。

日本は経済安全保障において、中国というさまざまな物品の輸出入を意図的に差配している国と向き合わなければなりません。輸出ではかつてのレアアース、最近ではリン酸肥料。輸入では水産物。中国は物流拠点でもあり、いざとなればサプライチェーンの遮断さえ図りかねません。

軍事面からも、日本はかつてやられたＡＢＣＤ包囲網を思い出しながら、いまは海外から買ったほうが安くてもこれからは国産で、いまはなんとか無事でも安全性を考えて国内で、といった転換が必須です。

私は国もそういった態勢を作っていくべきだと思い活動しています。2023（令和5）年2月に台湾を訪問した際、次期総統候補である頼清徳《らいせいとく》副総統や、元首相の游錫堃《ゆうしゃくこん》立法院長（国会議長に相当）と面会して意見交換。翌日は鄭文燦《ていぶんさん》副行政院長（副首相）、王美花《おうびか》経

済部長（経済産業相）と会談したほか、台日経済フォーラムで講演。民間では、日本の経団連会長に相当する工商協進会の呉東亮理事長や、三三企業交流会など、経済界の皆さんとも話しました。

半導体ファウンドリ大手のＴＳＭＣ（台湾積体電路製造）やＰＳＭＣ（力晶積成電子製造）は中国本土に工場を持っています。いまは中国側が言ってきそうなことを想定して出方をうかがっている局面で、それと同時に、なにかあったときにはこれまで大陸に投資した部分は全部取られるという覚悟をしていました。開戦したら価値がゼロになると腹をくくっており、これから先のリスク回避先は日本かインドになると言っていました。

台湾の政財界には昔から台湾の家系という方は少なく、どこかのタイミングで大陸から来た一族がほとんどですから、同族ゆえに情報が正確です。この台湾を通して中国を見るという姿勢が日本にとって大事なことで、私も台湾から経済人が来日した際はできるだけ会うようにしています。

２０２３年はそんな中国における日本企業のビジネスの縮小、撤退が相次いだ１年でした。２月はグンゼがストッキングの生産を中国から九州グンゼに移管、７月はマツダが中国企業への生産委託を終了、８月は花王がベビー用の紙おむつ生産終了、９月は三菱自動車の撤退報道。これ以外にも多くの中国進出企業で業務縮小などの動きがあり、中国への依存度を減らす流れは加速しているように見えます。

もともと日本企業が国内から脱出したのは、２００９（平成21）年から２０１２年の中ごろにかけての驚異的な円高です。70円台、80円台が3年3カ月続き、我慢していた製造現場が中国をはじめアジア各国に出て行ってしまいました。サプライチェーンをアジアに広げたほうがいいという判断をする企業が極端に増え、出て行き過ぎました。それらの企業は日本にあったころ、給料が割と良く、非正規の比率も少なくて、地域にとってはいい職場だったのです。

それが昨今、海を越えてビジネスをするリスクを各々が認識し始め、経済安全保障と円安の面で日本に戻ってくるのは大歓迎です。地方創生の観点からも、大型の製造マザー工場が日本でたくさん稼働する状況に戻すことが、私の急務でもあります。企業と地域住民のあいだにウインウインの関係が出来上がりそうで、まさに正の転換が始まる予感がしています。

また、地政学的な判断もあって、台湾企業が日本に生産拠点を設ける動きが始まりました。ＴＳＭＣが熊本県に作った工場の建設費は1兆２０００億円とされます。さらに、第

2工場も2倍の規模の建設費2兆円超で決まりました。

私は北朝鮮に手を焼いている韓国も、リスク回避のために日本に来たらいいと思っています。政治リスクやカントリーリスクが自国より低い日本に、サムソンもLGもSKも生産拠点を移せばいいのです。日本以上に人口が減っていくわけですし、なんなら本気で誘致しますよ。先日、某韓国財閥企業のトップに「もうお国は諦めてこっちにおいで」と言ったら、まんざらでもない顔をしてました。

これらにより国内総生産が高まることは間違いなく、いろいろ計画どおりに進むと2023年以降の10年間でGDP30兆円以上の増加もあり得ます。

いま、日本はキオクシア（NAND型フラッシュメモリ）、ルネサスエレクトロニクス（車載マイコン）、ソニーセミコンダクタ（イメージセンサー）の3強で5兆円の売上です。それも、私が注目しているラピダスが新しく北海道で作るIBMの2ナノを筆頭に、5年もすれば全体で15兆円を超えても驚きはありません。

具体的に見ていきましょう。


2ナノ……米国IBMが開発した、現状で最も微細な半導体。回路の線幅が2ナノ＝100万分の2ミリメートル

ロジック半導体……電子機器の頭脳。CPU（中央演算処理装置）などとして搭載する

製造業がやってきた！

経済産業省「3・4兆円ください（前年の令和4年度は1・3兆円）」
財務省「……」
私「経済効果でおつりが来るから出したらいいいんじゃないの？」

令和5年度補正予算における半導体関連の補助金を巡る予算攻防です。この3・4兆円は結局1兆9867億円となり、行き先は以下の3つのように製造業。

・7652億円＝先端半導体基金
熊本に作るTSMCの第2工場を中心に先端ロジック量産支援など
・5754億円＝経済安保基金
ソニーの画像センサー、PSMCのパワー半導体、素材・装置、部品、計算資源など
・6461億円＝ポスト5G基金
千歳に作るラピダスの工場、後工程研究開発、最先端半導体の利活用向け設計支援など

新車を買おうとしても納車まで1年待ちだったり、家電量販店で製品の欠品が見られたりと、これまでにあまりなかった現象が半導体不足を物語っています。製造工場の稼働率が90％を超えると需給逼迫状態と言いますが、半導体は現在、稼働率95％となっており、生産能力は限界に達しています。

これは日本だけでなく全世界で起きている現象。だれかがどこかで作ってくれないと世界中の企業が困るのですが、投資額の大きさからもわかるように、おいそれとできるものではなく、能力のある企業と国は限られています。

今回、世界最大の半導体ファウンドリTSMC（実際は子会社の日本法人JASM）は熊本県に白羽の矢を立てました。日本政府による巨額の補助があってこそですが、台湾企業にとってお隣りの気心知れた日本は、安心感に加えて以下の好条件が揃っていたわけです。

・能力の高い人材と、安価な物価、きれいな水（一日に8500トンの地下水を使用）
・半導体関連産業の集積（基板、材料、装置メーカー）。九州はシリコンアイランド

パワー半導体……高い電圧、大きな電流を扱う半導体で、家電などの制御に搭載する。エアコンのインバータ（直流→交流変換）や、その逆のコンバータなどを担う

TSMCは熊本県にすでに第1工場を2023年に完成させ、2024年には製造を始めます。スケジュール通りに進んだ実績も大きかったと思います。一日5000人が24時間稼働して建設したと言いますから、近年まれに見る工事現場だったでしょう。

そのTSMCの第1工場ですが、総投資額1兆2000億円に対して日本政府は4760億円の助成を行い、GDPは2・5~3・5兆円高まるという試算が出ています。また、税収効果は4760億円の助成額と同等になるという試算があります。

第2工場は7652億円の助成ですので、民間分を合わせて総投資額は2兆円を超えそうです。GDPはさらに4・2~5・8兆円増えるのではないでしょうか。

100年に一度の特需に際し、企業だけではなく、県もここぞとばかりに予算獲得に動いています。熊本市中心部と熊本空港間の鉄道や、道路などのインフラ整備に毎年1000億円くらいかかると岸田総理に支援を要請しました。10年で1100億円欲しいということで、すでにその一部は補正予算に入っています。

民間の大規模工場を誘致できれば、その県や隣接する県にも総投資額の1割ほどの予算が付くと言えます。

北海道千歳市のラピダスは総投資額5兆円（補助金2兆円）といわれるので、北海道にこの先10年で5000億円の予算が付くことは充分あります。そして、あれやこれやで熊本の1・5倍近い10〜14兆円のGDP上昇が見込めます。

これら、半導体工場の誘致の過程で画期的なことが一つ始まりました。「農振除外」です。農業用振興地域とは、農業をするための土地のことで、土地改良済みだったり、農業用水を引いてあったりと、補助金を投入した「農用地区域」を抱えています。この農用地区域に指定された土地は原則として用途以外の目的に使用できず、使用する場合には農用地区域からの除外が必要です。これが非常に難しい。工場を建てるために解除した話などあまり聞いたことがありません。

宮城県でのこと。台湾3位の半導体ファウンドリPSMCの対日進出意向は、オーナー会長から私が2月に訪台した際に直接お聞きし、経産大臣にもお伝えしたところですが、TSMCのような自己資金はなく、日本のSBIホールディングスと組んで日本国内でかなり調達したいとの新しいスキームで、8000〜9000億円を投じる工場建設地がトヨタの工場に隣接する大衡《おおひら》村に決まりました。経済産業省には昔、工業団地などを作ったノウハウがあり、そのDNAを引き継いだグループが農林水産省と交渉して、なんとか農振除外ができる方向だといいます。

北海道新産業創造機構によれば、ラピダスの工場が1棟建設されると14年間で10・1兆円、2棟建設されると18・8兆円の経済効果があり、関連産業を含め3600人の従業員が新たに雇用される

ＰＳＭＣの工場ができると県内総生産を１％以上押し上げる効果が見込めるため、知事は「県内ＧＤＰ10兆円を継続的に維持できる」と喜んでいます。

国策となった半導体工場の建設と製造開始に、財務省も経済産業省も農林水産省も一致団結しているわけで、かつて世界シェア50％強（１９８０年代後半）を握った日本の復活が現実のものとなりそうです（２０２２年は90兆円市場のうち６％強）。また、これは海外から日本に戻ってくる半導体製造以外のものづくり企業にとってもうれしい話で、中国などから撤退した製造業の国内回帰が一層はかどると思います。

ラピダスと組む米ＩＢＭ

２０２３年の秋口にＩＢＭの日本社長が来てくださり、じっくり話を伺うことができました。

おっしゃるには、ＩＢＭ全体のなかで日本への投資がどんどん増えているのは、治安がいいのと、ワーカーが優秀、そして実際にこういうものを作ってほしいと言ったときに作れる中小企業がたくさんあるからで、そう簡単に他の国が取って代わることはできない。また、日本は神戸市の理研（理化学研究所計算科学研究センター）に世界一のスーパーコンピュータ『富岳』があり、それとは別にクラウドで使える64量子ビットの量子コンピュータ『叡《えい》』も埼玉県和光市の量子コンピュータ研究センターに理研が持っている。東京大学はＩＢＭの27量子ビットの『Ｑｕａｎｔｕｍ』を川崎市のＫＢＩＣ（かわさき新産業創造センター）に持ち、『Ｑｕａｎｔｕｍ』の最新版である１２７量子ビットを北米以外では初めて使い始めた。古典コンピュータと量子コンピュータはどちらが優秀とかではなく、共存共栄し、それぞれが得意分野で世界トップの能力を発揮する。代替はしばらくのあいだは起こらない。だから日本はいいとこ取りができ、また2種類を組み合わせて相乗効果が得られる、とのことでした。

私はこの2つのコンピュータを創薬に活用するのも一つの手だと思います。

日本はメッセンジャーＲＮＡを海外に頼りました。そのｍＲＮＡの原薬の製造工場が福島県南相馬市に世界最大規模で誕生します。年間10億人分を作る能力があり、これで新型コロナウイルスのワクチン輸入は必要なくなります。経済安全保障の面で優良事例と言えるでしょう。

半導体とは、国の要なのです。日本でも一時期は「産業の米」と呼びました。

いま、地政学的にも世界経済的にも、日本は半導体を含む先端技術の分野で再興を期す絶好の機会を得ています。半導体の投資には長期にわたる国の関与が必要ですが、それを岸田総理はやると言っています。これは米国側から見るととても信頼できる状況です。

量子コンピュータをはじめとする研究開発の協業は、世界情勢が緊迫度を高めるにつれて友好国・同盟国に限られてきますので、重要部品の製造技術を数多く保有する日本は唯一無二の仲間と言えるかもしれません。

さて、そのＩＢＭに対してＮＴＴ。

ＩＢＭがラピダスとともに2ナノまで進化させる電子半導体と、ゲームチェンジャーとなり得るＮＴＴの光半導体（光トランジスタ）。ラピダスに加えてＮＴＴの「光電融合」が実現すれば、日本の半導体産業は復興を超えて〝我が世の春〟を迎えることになるかもしれません。

思えば、１９８６（昭和61）年、貿易摩擦の解消というお題目で日本を封じ込めるために締結された日米半導体協定の当事者である米国ＩＢＭと、世界最高峰の2ナノ半導体製造で肩を組む時代になったのは、中国という脅威がもたらした僥倖。それまでは、日本がなにかで台頭して世界を制覇しそうになると、欧米がよってたかって日本をボコボコたたいていました。日本が勝たないようなルールを作っていました。そんな時代は終わりです。このチャンスを逃すことなく、この機に乗じて〝世界の最先端半導体工場〟として再び日本の時代にすることを、私も強く後押しする決意です。

ただし、米国も日本が弱ったから手を差し伸べてくれているのであって、また鼻高々になると……。敵国条項の該当国という立場はいまも続いています。

中国を念頭に置いた安全保障

このような日本の現状では「防衛」が重要度を増します。

私は防衛費の大幅な増額に賛成しています。GDPの3％になってもいいと公言しているくらいです。それは安倍元総理の考えでもありました。

令和6年度の7・7兆円＋米軍再編費というGDPの1％を大きく超えるインパクトの強い概算要求額は、油断するとお花畑幻想に揺り戻される方々をハッとさせると同時に、危機感、切迫感を抱いている多くの国民に、いま日本が置かれている状況、国土を取り巻く厳しい現実を再認識させたのではないでしょうか。

敵国条項……第二次世界大戦時の枢軸国に対する措置。いまも国連憲章に明記されたまま

ロシアの侵攻により避難するウクライナの女性が子どもを連れて国境を越える場面を見た方は多いと思います。しかし、私たちはクルマに荷物を積んで、あるいは列車で隣国に逃げることはできません。日本は四方を海に囲まれた島。攻め込まれたら逃げる場所はありません。つまり、ウクライナ以上に制空権と制海権が大事で、私は大蔵省の主計官（防衛係担当）だったときにヘリ空母『ひゅうが』（ヘリコプター搭載護衛艦。ＤＤＨ）や、イージス艦（イージスシステム搭載のあたご型護衛艦。ＤＤＧ）に予算を付けたのも、それが理由の一つです。

「ヘリ空母は専守防衛ではない」といった反対意見はもちろんありましたが、「ヘリコプターだから」と押し切りました。そのヘリ空母にいまやオスプレイが乗ることになり、『いずも』『かが』はF35Bも搭載します。大変な抑止力を獲得できたと感慨深いものがあります。安倍元総理が、２０２２年４月11日に開催した私の政経セミナー（東京・ホテルニューオータニ）で講演してくださり、「防衛費を上げたいという政治家は多いが、実際に全部知り尽くしているのは片山さつきだ」とマスコミのカメラが並ぶ前でおっしゃってくれて、ちょっと溜飲が下がりました。

「公債のないところに戦争はない」という昭和の考え

財政に関する基本法である財政法に、「国の歳出は原則として国債又は借入金以外の歳入をもって賄うこと」と書いてあります。借金は御法度で、租税でやりくりするようにとたしなめているようです。それは、国債を発行して戦争に使った昭和初期の反省があるからです。ただ、公共事業などの財源に限っては国債（建設国債）の発行を認め、必ず60年間で返済することにしました。

ここ50年近くは財政が悪化しているため、国は建設国債のほかに特例国債（赤字国債）を発行して歳入不足を補っています。国の歳出は、国債を発行しなければ賄えない状況にあります。そのなかには防衛費も含まれていますが、軍事的な支出のために赤字国債を発行する現状をどう考えればいいでしょうか。

海上自衛隊ではなく海上保安庁の船艇や港湾、空港の整備は公共事業として建設国債の発行対象で、きな臭くなってきた尖閣諸島周辺で活動する海保の船に強力な銃砲を付けています。それらの〝武器〟が建設国債で買えることを思うと、防衛費のなかでも偵察や監視、救命艇といった類いは〝防衛建設国債〟を発行して買えばいいのではと思います。

例えばイージス艦は、米国がブラックボックスにして持ってくる部分に対して、日本側がかなり触れられるようになってきました。それは日本の民間にとっても研究開発のシーズ、産業発展の種になります。〝防衛研究投資国債〟でもいいのではないでしょうか。もともとSACO関係経費と米軍再編関係経費は、防衛関係予算のなかで別枠になっています。令和6年度以降に増えていく費用も、同じように別枠にして〝防衛国債〟を発行したいところです。

しかし、そのような公債が誕生する気配はなく、令和5年度は、防衛省・自衛隊の施設整備にかかる2454億円と、艦船建造にかかる1888億円の計4343億円について、戦後初めて建設国債を発行するに留まりました。

GDP比2％への歴史的転換

新たに必要となる事業のかかる契約額（物件費）が43兆5000億円。そのうち、令和5～9年度の5年間に27兆円を支払い、16・5兆円は令和10年度以降に回します。その前、令和元～5年度は5年間に12・2兆円を支払い、5兆円は令和5年度以降に回していました。※1年前倒しになっていることに注意。

つまり、令和5年からの5年間で、27兆円―12・2兆円で差し引き14・8兆円の歳出増があります。1年あたり3兆円弱の計算です。

内訳は以下のとおりです。ざっくりですが、GDPを計算する際の項目ごとに分けてみます。

なお、2016（平成28）年以降、GDPを計算する際に内閣府経済社会総合研究所の国民経済計算部が使っている国際基準2008SNA（国民経済計算）は、最新の国際基準。伸びを示すために、2022年度で終了となった前期の金額も明記します。

❶耐久性のある兵器＝【公的固定資本形成】

- 宇宙領域。領域横断作戦のための装備品取得　1兆円
- サイバー領域。要員育成　1兆円
- 陸海空領域。戦闘機、護衛艦の購入　6兆円　↑　従来は以上3つで3兆円
- 無線機、電波情報収集機　1兆円　↑　3000億円
- 無人偵察機などの無人アセット　1兆円　↑　1000億円

・多用途ヘリなどの輸送アセット　2兆円　↑　3000億円
・PAC-3MSEのような迎撃ミサイル　3兆円　↑　1兆円
・トマホークのような長射程ミサイル　5兆円　↑　2000億円
（ミサイルは保有するだけで長いあいだ抑止力をもたらすため、こちらに分類。ただし、トマホークなどの輸入品はGDPにカウントされません）

❷小型銃火器、制服などの兵器関連ほか＝【政府最終消費支出】
・防衛生産基盤の強化、研究開発　1・4兆円　↑　1兆円
・燃料費、教育訓練費など　6・6兆円　↑　4・4兆円
・自衛隊施設などの防護・耐震性能強靭化　4兆円　↑　1兆円
・装備品の維持整備　9兆円　↑　4兆円
※後ろの2つは一部は公的固定資本形成

❸1回で消える兵器＝【公的在庫変動】
・弾薬、誘導弾　2兆円　↑　1兆円

(弾薬などは購入した時点で在庫の新規積み増し、使用・廃棄した時点で在庫取り崩し。その差が在庫品増加)

もっとも、この43兆5000億円のためにほかの歳出を削ったのではGDP増加につながりません。これは新たな歳出です。

ちなみに、令和3年度におけるGDPへの計上額は以下のように6・5兆円でした。

- 公的固定資本形成　1・4兆円
- 政府最終消費支出　5・2兆円
- 公的在庫変動　▼0・1兆円

いまの予算規模から見て、2024(令和6)年にGDP計上額がさらに2~3兆円上がるのは確実です。

私が安全保障、防衛に敏感なわけ

私が国防に強い関心を持ち続けているのは、家族が実体験した戦争の話を小さなころからよく聞かされてきたことが大きな要因でしょう。

私は1921（大正10）年生まれの父・朝長康郎と、1925（大正14）年生まれの母・規子（旧姓井上）とのあいだに産まれました。38歳と34歳のときの、当時としてはかなり遅めの子どもです。

大東亜戦争の始まりは1941（昭和16）年ですから、両親には記憶がしっかりとありました。父は1945（昭和20）年8月6日に広島に原爆が落とされたときに江田島の海軍兵学校に教官として勤務しており、きのこ雲を見ています。東京に戻る際には広島市内を通って帰ってきました。私は「大学に入ったら必ず原爆ドームに一人で行くように」と言われ、1年生の夏に参りました。

母は両親の仕事の関係で神戸生まれの江戸っ子です。家系図を見ると旗本につながる良家のお嬢で、11歳のときに神戸から東京に引っ越してきたあとは、文京区小日向の江戸時代初期から続く家で育ちました。いまもある小日向の称名寺裏一帯は、全部母の実家敷地だったといいます。貸家など家作をいっぱい持っていたそうですが、木造だったため大空襲ですべて失い、焼け野原となった土地を売って中野区に移り住みました。その中野駅近くにあった、小石川の家に比べればうんと狭い家から母は嫁に出ました。

母の東京女子大学国文科在学中のエピソードですが、同じクラスに森英恵さんがいたそうです。学生たちは軍服を縫う赤羽の造兵廠に徴用（勤労動員）され、そこで陸軍主計将校の森賢さんに出会い、結婚されたとのことです。

母方の祖父は軍事産業に身を置き、潜水艦をはじめとする軍艦を作る川崎造船で従業員3000人のトップでした。1936年、社員訓示中に心臓麻痺で他界、社葬になったそうです。父方の祖父である朝長三郎は近衛騎兵隊長でした。

そういったファミリーヒストリーもあって私はタカ派なのですが、やはり平和を保たなければいけないというのが、もちろんなによりも先に来ます。

毎年半導体で3兆円、防衛で3兆円、計6兆円上昇

616兆円➡622兆円

第5章

日本経済は女性の働き方次第

パートに出ている奥様だけで4兆円アップ

「年収の壁」という言葉があります。

100万円の壁、103万円の壁、106万円の壁、130万円の壁、150万円の壁、202万円の壁。

夫がおり、その扶養に入ってパート、アルバイトで働いている主婦らは、自らの所得を調整し、働き損にならないように仕事をしています。妻の扶養に入ってそうしている夫もいます。

年収のちょっとした差で税金や社会保険料を支払う必要が出てくるので、たとえ元気いっぱいで健康体でも勤務時間をセーブします。時給がアップしたらなおさらです。働きたくても働く時間を減らさなければ〝壁〟を越えて損すると考えて、働き控えをしてしまいます。

これはデータにはっきりと現れています。

パートの時給はここ10年間で20%も上がっているのに、年収は115万円から119万円と、3%台の増加に留まっているのです。年収の壁を気にして労働時間を調整しているのは明らかで、実際に一人あたりの月間総労働時間は、見事に右肩下がりなのです。

女性の4年制大学進学率は、2022（令和4）年の文部科学省の調べで53・4％、短大への進学率が6・7％ですから、合わせて60・1％。男性の4年制は59・7％。もはや、身に付けた知識の差は男女間には存在せず、仕事の成果も同等になると思っていいでしょう。それなのに、結婚していて働いている女性は6割が非正規雇用。そして、夫がいてパートで働いている女性の45％が年収100万円未満です。130万円未満で75％になります。

女性が勤務時間を削るのは日本経済にとって大きな損失に違いなく、GDPにもマイナスです。

ここで簡単に壁の内容を見ていきます。


100万円超　住民税（地方税10％）の所得割と均等割5000円がかかり始める。

地方税10％の内訳は、道府県民税4％＋市町村民税6％。

都民税4％＋区市町村民税6％。政令指定都市は2％と8％になる。

市町村によってはこれ以下の所得（例：93万円）でも住民税がかかる。


年収100万円に抑えようとすると、この先時給が1000円から1500円に上がると、働く時間は月83時間から56時間に激減する

パートタイムで働く有配偶者の女性の年収は、100～110万円が13・6%、120～130万円が11・6%に対して、そのあいだの110～120万円はわずか3・8%としかいないというデータがある。明らかに年収を調整している

103万円超　所得税（国税）がかかり始める。
住民税（地方税）がかかり始める。
夫が会社から家族手当をもらえなくなるかもしれない。

106万円超　一定の条件を満たした場合、社会保険料がかかり始める（社会保険面）。
正確には105万6000円の壁。

130万円超　一定の条件で認められていた社会保険の扶養から外れる（社会保険面）。
社会保険に加入しなければならない。
夫が会社から家族手当をもらえなくなる可能性が高まる。

150万円超　税金面で夫の配偶者特別控除の減額が始まる。

202万円超　税金面で夫の配偶者特別控除が全くなくなる。
正確には201万6000円の壁。

従業員100名以下の小さな会社や事業所で働いて年収106万円を超えた場合と、従業員101名以上の大きな会社で働いて年収106万円を超えた場合とでは、手取りの差が16万円も違います（都道府県によって多少の差があります）。社会保険料を払うことになる大きな会社勤めのほうが、手取りが少ないのです。大きな会社で働いている人はみんな、「106万円を超えないように働こう」という雰囲気になってもおかしくありません。働く側の収入の面から言えば、ここが第1の関門です。なお、2024（令和6）年10月からは101名ではなく51名以上の会社で働く人は、社会保険に加入しなければならなくなります。社会保険適用範囲の拡大です。106万円を超えないようにしよう、という人が自動的に増えます。

パートタイマー、アルバイターにとってだけではなく、会社や事業所側も年収106万円の壁には大いに注目しています。社会保険料は労使折半ですから、たとえ赤字経営で常に資金繰りが厳しくても、パートさんと同じ16万円を国に納めなければなりません。年収106万円の人が一人誕生した瞬間、赤字が16万円増える計算です。

日本の中小企業は358万社で全体の99・7％を占め、その65％が赤字経営といわれていますから、大半の社長さんにとっても頭の痛い問題です。

家族手当は、扶養手当、配偶者手当など、会社によって呼び方が違う

第2の関門は年収130万円。従業員50名以下の小さな会社勤めの人も、130万円を超えると社会保険料を払うことになります。その額は年間20万円。だれもが絶対に130万円を超えないように働くでしょう。なにせ、その支払った20万円を取り戻すためには、年収157万円になる必要があるからです。同じ手取りを得るために、27万円分余計に勤務しなくてはならないわけで、これは2カ月分の労働にあたります。だれが喜んで出社するでしょうか。

会社や事業所にとっても106万円の壁のときと同じように130万円の壁は大問題です。折半で納める20万円を捻出するために、いま以上に利益（粗利）を生む必要がありますが、それは至難の業。パートさんにもっと長い時間働いてほしくても、無い袖は振れません。

こうして労使ともに働き控え、雇い控えに至るというのが日本の現状です。

こういった、主に社会保険料による働き損をなくし、手取り額が直線的に右肩上がりのグラフになるように設計したらどうなるか。間違いなくパートさんたちはもっと働くでしょう。職場ではいつも「○○さん、もっと出られない？」と言われているはず。事実、野村総研の調べでは、「年収額を一定の金額以下に抑えるために就業時間や日数を調整している」と答えた有配偶女性パートタイマーは61・9％、マイナビが取ったアンケートでは、「政府が新たな仕組みや制度を作って年収の壁をなくしたら、いまよりも年収が多くなるように働く時間を増やしたい」と答えた人が20代で70％を超えました。一定の年収を超えて働いても手取りが減らないようにするだけで、ＧＤＰは上がるのです。

わかりやすくシミュレーションしてみます。

パートさんが最も気にするという年収１０３万円の壁を超え、年収１５０万円稼いでみようという奥様が続出したケースで試算してみます。

年収１０３万円　→　１５０万円　＝47万円のアップ

年収１５０万円というのは、時給１２５０円なら月に１００時間。一日5時間で20日勤務すると得られます。これで年収１０３万円から47万円の上昇ですが、わかりやすくするため、50万円アップするとしましょう。これは時給が上がって年収が50万円増えたのではなく、働く時間が増えたことによって収入が上昇した点に留意して、この先を読んでください。

所定内給与はその6割が消費に回るが、所定外給与(超過労働給与)や特別給与(ボーナスなど)は1割程度しか消費に回らない

年収が約5割（＝50万円）増えたのは労働時間が5割増えたからと考えます。

するとGDPはどうなるのでしょうか。

分配面から見ていきます。

年収103万円未満の人が、日本には男女合わせて450万人います。その方々の労働時間が5割増えると、支払われる報酬の総額は2兆2500億円増えます（＝450万人×50万円）。

会社や事業所が支払った報酬の総額が1%増加するとき、追加的な生産は3兆円に増えるとされています。前述の2兆2500億円は、2021年中に会社や事業所が支払った報酬の総額である225兆円の1%に相当します。従って、定義どおり3兆円の追加生産が始まります。

これは主に不動産業や商業などの非製造業において17万人を超える雇用を新たに生み出す規模で、それらの方々にさらに7000億円の報酬が支払われます。

つまり、報酬だけで2兆9500億円増が期待できるのです。

もちろん、年収103万円未満の450万人のうち、配偶者の扶養に入っていて働き控えしている人は半分もいないでしょうが、就業調整している130万円未満の人、150

万円未満の人も加えれば、2兆9500億円の報酬増はあるでしょう。労働分配率を70%とした場合、GDPは4兆2000億円上がります。

政府は2年間の支援ののち、制度の見直し

そこで政府は、社会保険料の負担を避けるために働き控えをする人がいなくなるように、国が労使折半の社会保険料を払った会社に対して、最大で50万円の助成金を出すことになりました。会社自身の負担がどうなるかはまだわかりませんが、少なくとも、働き控えをやめて社会保険料を支払ったパートさんに対し、その金額を「手当」の形で支給する方向になっています。従業員が社会保険料の負担を気にすることなく働く時間を増やせば、人手不足の解消につながります。

男女賃金格差は、こうして是正

日本は（短時間労働者を除く）男性一般労働者の月額平均賃金（所定内給与額）を10万

年間最大50万円の助成金は、夫の扶養に入っている女性に限らず、働き控えをしている単身者も対象

円とすると、女性のそれは7万5700円です。24・3％低い。昔に比べれば、これでもずいぶんと改善されてきました。しかし、最近は縮小幅が鈍化しているので注意が必要です。

39年前　1985（昭和60）年　40・4％
29年前　1993（平成5）年　38・4％
19年前　2003（平成15）年　33・2％
9年前　2013（平成25）年　26・0％
現時点　2023（令和5）年　24・3％

ＯＥＣＤ（経済協力開発機構）は、これを平均値ではなく中央値で表しています。それによれば、日本のフルタイム雇用者の賃金は女性のほうが22・5％低く、格差は43の国と地域のなかで4番目に悪い数値。日本より格差があるのは韓国、イスラエル、そしてバルト3国の真ん中に位置するラトビアの3カ国だけです。

私は日本の格差をせめてＯＥＣＤ平均である11・6％に、できれば10％に近づけたいと思います。

すると、どうなるでしょうか。

実際の日本の男性一般労働者の月額平均賃金は34万2000円（年齢44・5歳、勤続13・7年）で、女性のそれは25万8900円（同42・3歳、9・8年）。この差を、女性の賃金を高めることにより10％ちょうどに抑えると、女性は30万7800円になります。毎月4万8900円アップですから1年間で60万円近い上昇です。1500万人の女性一般労働者の年収が各々60万円上がると、合計で9兆円も高くなり、GDPは12兆8000億円増になり得ます。

では、女性の賃金を高めるには、どうしたらよいか。

実は答えが出ており、一つは会社での職階を上げること。課長になったり、さらに頑張って部長になるなど、管理職になることです。もう一つは、いまだ年齢給・年功序列が幅を利かせている日本では、役職に就かなくても勤続年数を延ばすこと。非管理職でも長く勤めることです。

これにより、格差は前者で9・7ポイント、後者で5・1ポイント改善できるというデータがあります。合わせて14・8ポイントですので、男女間格差は前述の数値24・3％から9・5%とひと桁に縮まります。

また、勤めている旦那さんが会社からもらっている住宅手当や家族手当を、奥さんも会社に要求したらいいと思います。これでさらに数万円UPです。

こう書いていると簡単な話ですが、もちろん、そうはいきません。

まず、職階。

日本は、管理的職業従事者に占める女性の割合が低いことで有名です。会社役員、企業の課長相当職以上、管理的公務員などになる女性が少ないのです。

私の話をしますと、大蔵省で女性初の主計官になりました。主計官は、別に男性にしかできないポストではなく、同じ能力であれば女性もできるのですが、私以前にはだれ一人としていませんでした（なお、令和5年度の財務省総合職における女性の採用比率は33・3%）。

こうした現象が起こる原因はなにか？

次に勤続年数。

女性一般労働者で、15年以上働いている人は21・0%、男性は37・2%というデータがあります。とくに「20年以上」という区分で差が大きく、女性13・1%に対して男性は27・

管理的職業従事者に占める女性の割合

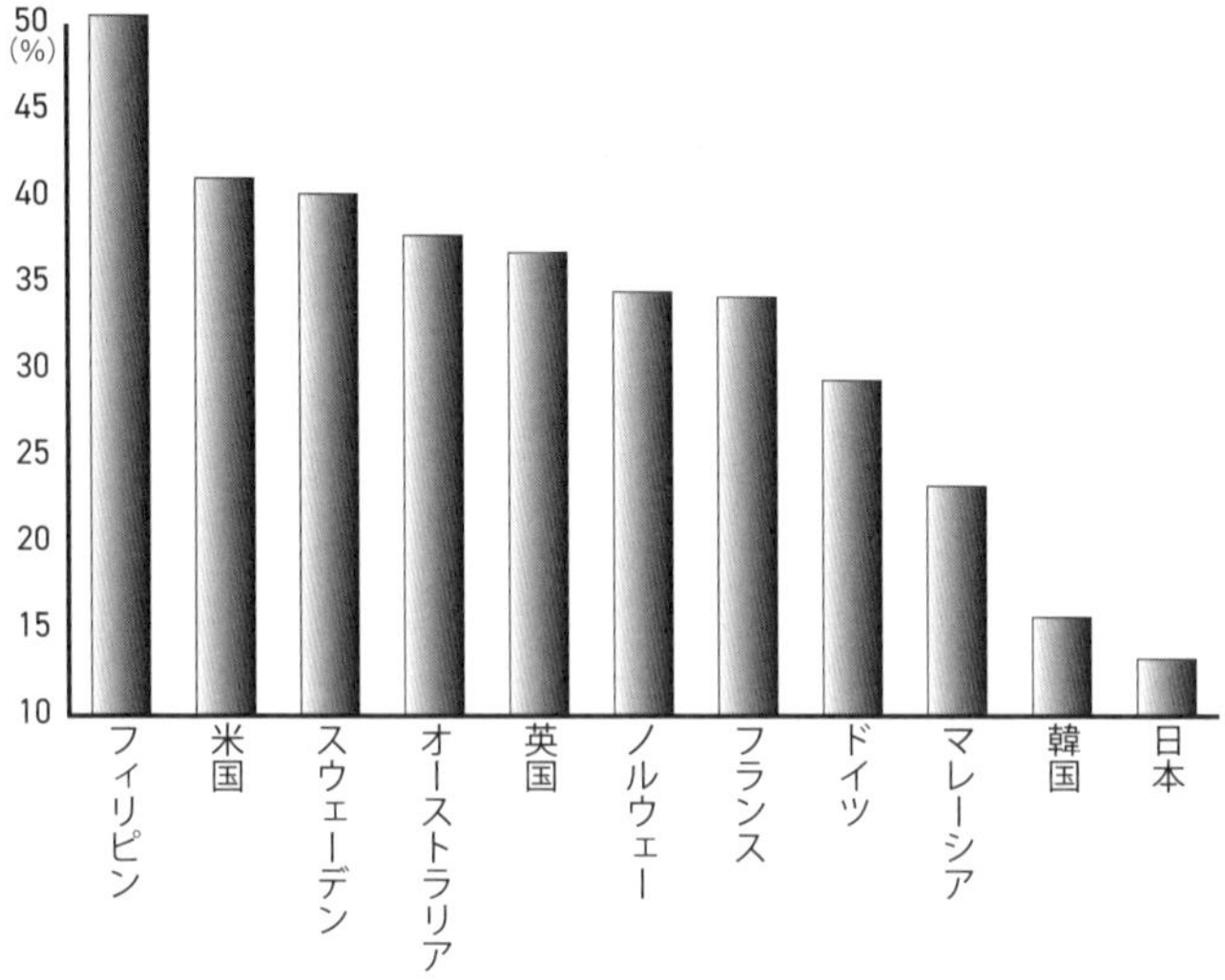

2%と倍以上の差がついています。

なぜ、長く働くことができないのか？

この2つの問いに対する答えを、2023年ノーベル経済学賞に輝いたクラウディア・ゴールディン氏（ハーバード大教授）が示しています。

まずは、女性が「仕事に貪欲かどうか」ではなく、その仕事が女性の「時間という稀少な資源」をどれだけ貪欲に欲するか、という視点で見るということです。

高収入が得られる仕事は、長い勤務時間ほか、資格試験に合格するための勉強時間や、自己啓発のための読書時間など、たくさんの時間を要求します。

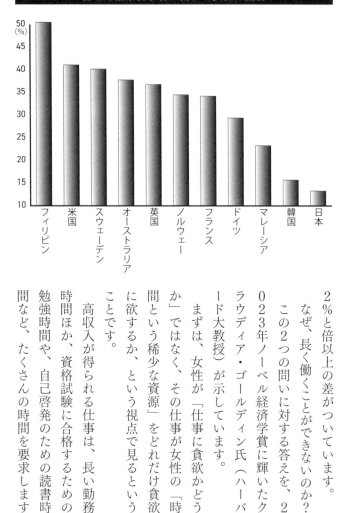

従って、その仕事に就くには、時間の制約がない人、時間をやりくりできる人が有利です。

しかし、仕事より貪欲に時間を奪う「赤ちゃん」「子育て」などに直面した場合、男性と女性で反応に違いが出ます。それが如実にデータに表れています。一般に結婚適齢期、出産適齢期といわれる年齢区分で、男女の賃金差がグッと広がっています。

	男性	女性	差
20～24歳	18万7700円	17万8400円	9300円
25～29歳	22万0500円	21万6300円	4200円
30～34歳	25万9300円	24万0800円	1万8500円
35～39歳	29万7000円	25万4000円	4万3000円

女性のほうが、これは本能なのか愛着なのか社会的思い込みなのかわかりませんが、子どもに対しての粘着力が違います。全集中です。世はジェンダーレスの時代と言いますが、やはりそこに性差はあります。

命を育てることより大事なことはありません。その選択により、ひどく格差が生じるのであれば対応すべきで、それを日本女性の就業率（15〜64歳）というデータから考えてみます。

２０２０（令和2）年、日本は70・6％でOECD加盟38カ国のなかで13位。トップのスイス75・9％とそれほど差のない数値で、平均値59・0％を大きく上回っています。つまり、日本は女性が働きやすい環境（家庭、地域社会、職場）にあると言えます。そして、２０２1年は71・3％に上昇、２０２2年は72・4％とさらに延びています。２００５（平成17）年は58・1％でしたから、ここ20年で一気の伸びです。

いまの日本には、こんなにも働きたい女性がいるのです。仕事が好き、自己実現したい、生き甲斐があるという声が私の耳にも届きます。

ゴールディン教授は、子どもと働き方に関する女性たちの意識や価値観の変遷をこう言っています。昔は、「子どものいる家庭か、あるいはキャリア（仕事を中心にした人生設計）か」の二者択一。

次第に望むようになったのは、

「生活費を得るための仕事（ジョブ）、そのあとに子どものいる家庭」

「子どものいる家庭、そのあとに生活費を得るための仕事（ジョブ）」

「キャリア、そのあとに子どものいる家庭」
そして、いまは、
「キャリアも、子どものいる家庭も」
この先の日本を考えた場合、私は、仕事を〝非属人化〟させることから始めたらどうかと考えます。

ノウハウを抱え込んでいるその社員じゃないと業務が進まない〝属人化〟した仕事をなくすことです。とりあえず、社員個人のスキルや経験に依存しない仕事にする。そういう仕事に、仕事のほうを変える。

実際に、会社や役所では、「その仕事、そのポジションは自分のものだ」という思い込みが、とくに働き盛りの男性（夫）は強く、子どもが生まれてからも仕事への執着力は変わりません。一方、女性（妻）はそれほどこだわらないため手放し、結果として賃金が下がっています。

解決策は、その仕事を、能力がある者であれば男性でも女性でもできるようにすること。私を初の女性主計官に抜擢した大蔵省（当時）のように、です。

これはホワイトカラーでも可能ですが、ブルーカラーのほうが始めやすいように思います。「貪欲な仕事」じゃなくしてしまいやすい。

これに対していまの日本の「働き方改革」というのは、人間の側に「仕事に対して貪欲になるな」という図式です。その仕事に執着せず、大変な仕事ならだれかと分かち合って賃金も相応に分配しましょうと言っている。

働き方改革に関して、私はそこに着目するのではなく、働き手の健康の維持管理という部分で基準を設けるべきだと思っています。月60時間なり80時間なり、健康でいられるのであれば、この人手不足の時代、一定程度の残業などをやってもよいという立場です。働き方改革の趣旨や思いはもう充分に染み渡ったでしょうから、いまは行き過ぎた部分を改めるべきで、これは男女賃金格差の是正という観点からも強く言いたい。実は、日本は女性一人あたりの労働時間は、男性のわずか82・9％。これはカナダを除くG7平均の94・1％を大きく下回っているからです。「貪欲な仕事」に就く女性が少ないため、超過労働を求められないことが要因の一つでしょう。

従って、これからの日本は、①〝非属人的〟な仕事に就いて、②自分の健康の維持管理ができる〝仕事に貪欲な女性〟が増えるとともに、③GDPが増加する時代です。

歪《いびつ》さは世界一

最後に、男女どちらもが「そろそろ本気で考えなきゃ……」と思えてくる女性の現実を示します。

「有償労働時間」というくくり方があります。通勤や研究、就職活動などを含めた仕事と、勉強に関するすべての時間のことです。これが日本人男性は世界一長い模様。G7各国と北欧3国、これに韓国を加えた11カ国のデータを見てください。

他方で、「無償労働時間」というくくり方があります。子育てや家事、買い物、ボランティアなどといった時間のことです。これが日本人男性は世界一短い模様。

ほかの国は労働時間に関し、以上のような意識形成をしてきたからGDPもそれなりに伸び、また出生率も日本より高いのだ、という見方をすれば、なにをどうすべきかがわかるのではないでしょうか。マインドチェンジが必要な時かもしれません。

この男性の〝家の外での奮闘〟により、結果として女性の分担割合は、有償労働時間は世界最低、無償労働時間は世界最高になっています。

このデータを公表した内閣府は、「男性が子育てや家事に関わっておらず、その結果、女

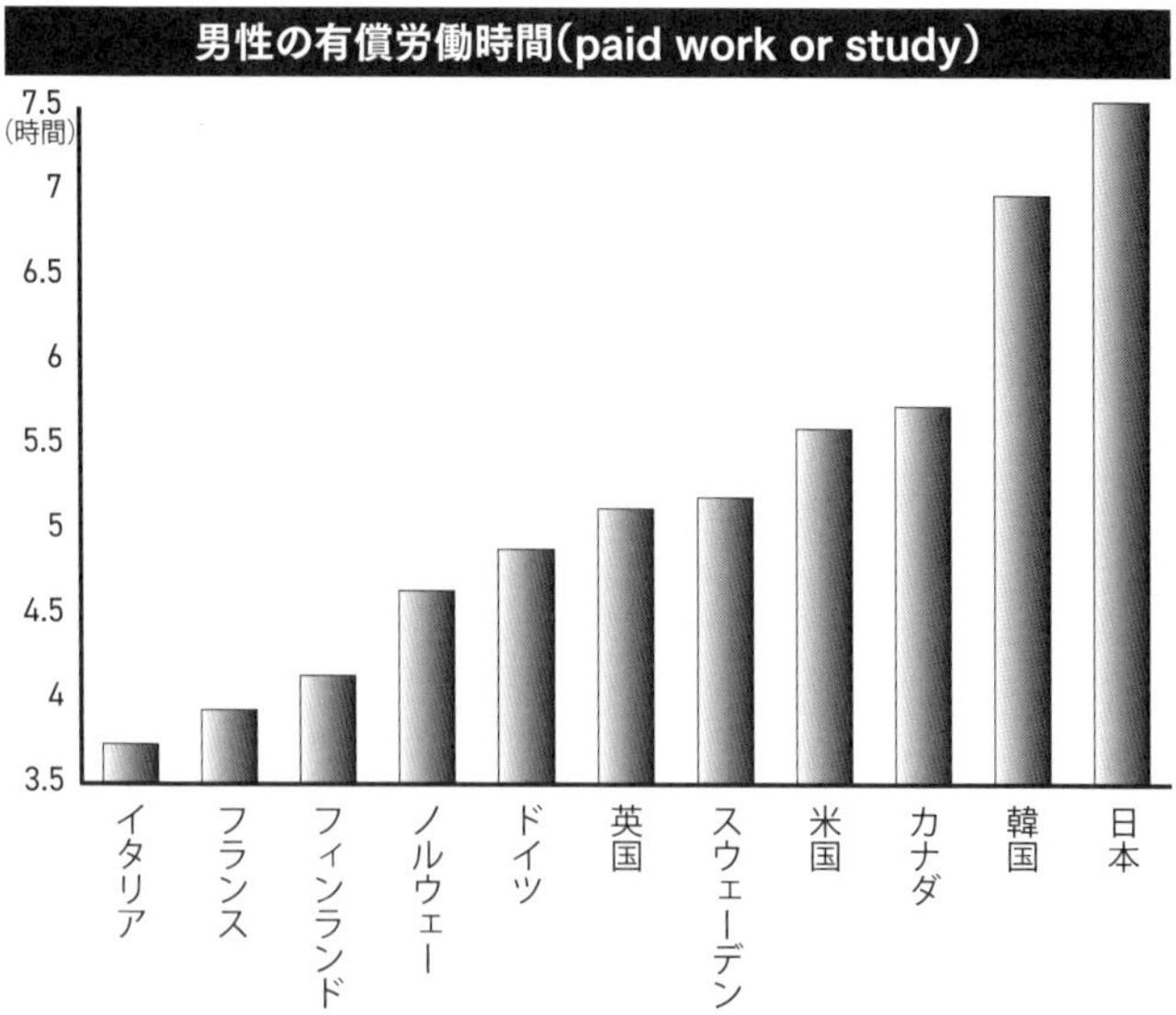
男性の有償労働時間(paid work or study)
7.5
(時間)
7
6.5
6
5.5
5
4.5
4
3.5
イタリア
フランス
フィンランド
ノルウェー
ドイツ
英国
スウェーデン
米国
カナダ
韓国
日本

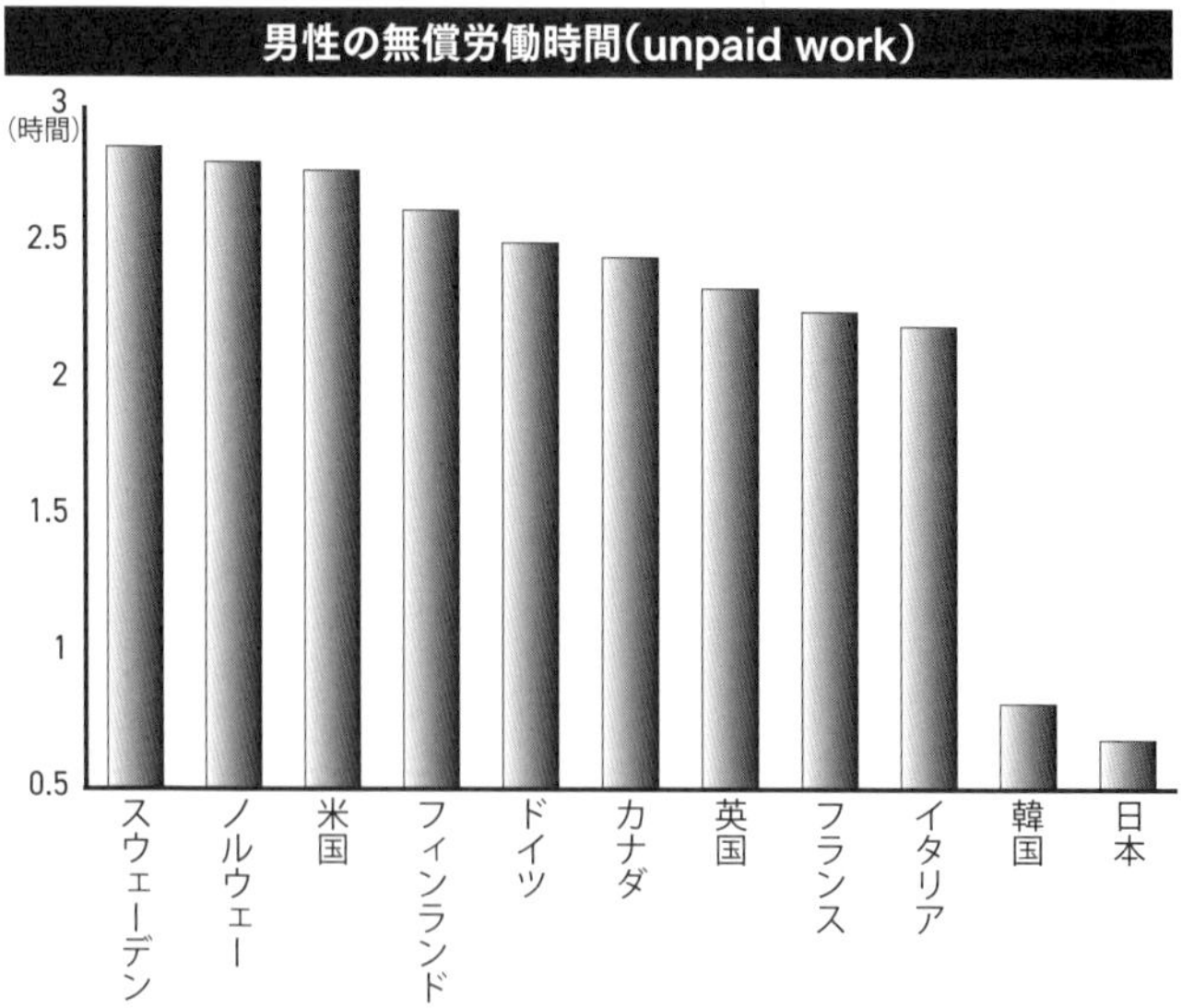
男性の無償労働時間(unpaid work)
3
(時間)
2.5
2
1.5
1
0.5
スウェーデン
ノルウェー
米国
フィンランド
ドイツ
カナダ
英国
フランス
イタリア
韓国
日本

女性の有償労働時間負担率

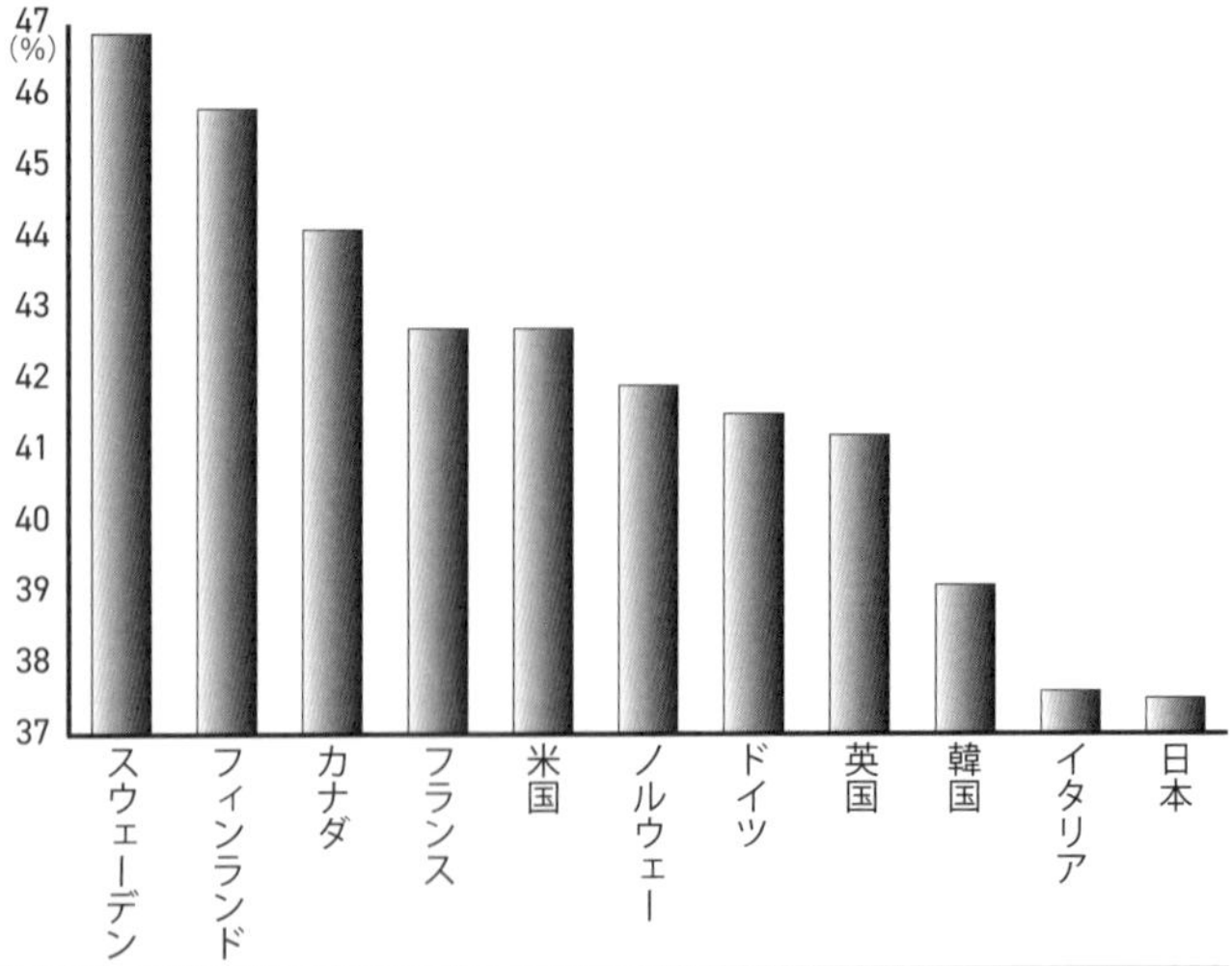

女性の無償労働時間負担率

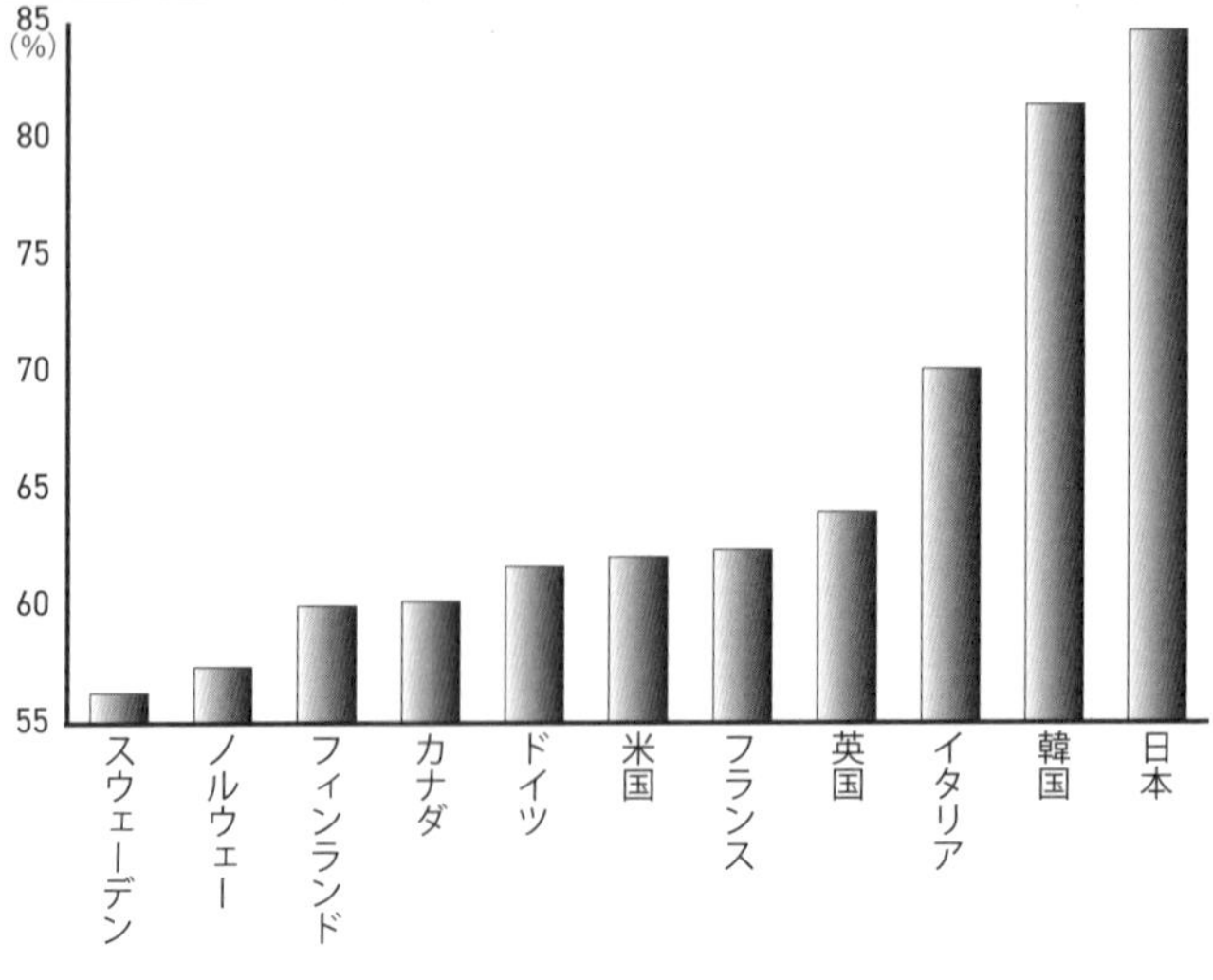

性に子育てや家事の負荷がかかり過ぎていることが、女性の継続就業を困難にしている」

と指摘しています。

3年以内に年収の壁と男女賃金格差をなくして18兆円UP
622兆円➡628兆円

第6章

スポーツ立国をデジタル革命で

スポーツ・球技は日本の宝

2023（令和5）年6月6日に国立競技場で行われたヴィッセル神戸とFCバルセロナの親善試合は、アンドレス・イニエスタ選手を関東で見られる最後の試合になるかもしれないという思いもあり、時間をやりくりして観戦してきました。10月14日は女子サッカーのWEリーグカップ決勝を川崎市・等々力陸上競技場に見に行きました。

私はテニスやゴルフを楽しんでいた大学時代から、スポーツは自分でするのも観戦するのも大好きで、サッカーはもちろん、近ごろはラグビーに関心を持ち始めて、ワールドカップはテレビでよく見ました。

私から見ても、2023年は日本代表チームが本当に大活躍でした。後世まで語り継がれるような、プロスポーツ全体として史上最高の1年だったのではないでしょうか。ファンも急増したと思います。

始まりは3月、栗山英樹監督率いる「侍ジャパン」の野球でしたね。WBC（ワールドベースボールクラシック）でアメリカに勝って3度目の優勝を飾っています。その後の米国メジャーリーグでの大谷翔平選手の活躍は、紹介するまでもありません。

男子サッカー「サムライブルー」は、すでにヨーロッパの強豪国に勝てるレベルに達していることを世界に示した1年でした。女子サッカー「なでしこジャパン」は、ワールドカップで優勝国スペインに唯一黒星をつけて旋風を起こしました（ベスト8）。

男子バスケットボール「アカツキジャパン」も、ワールドカップで初めてヨーロッパの国フィンランドに勝ち、パリ五輪への出場権を獲得。女子バスケは世界大会がありませんでしたが、アジア大会決勝では世界ランク2位の中国と最終クォーター残り9秒の時点で72対72の同点という互角のプレーを見せて銀メダル。２０２１年の東京五輪銀メダルも記憶に新しいところです。

バレーボールもワールドカップで女子「火の鳥ニッポン」はトルコ（世界ランキング1位）、ブラジル（3位）に負けただけで、世界ランキング9位を維持。男子「龍神ニッポン」もパリ五輪出場権を獲得、世界ランキング4位という強さです。

ラグビー「ブレイブ・ブロッサムズ」も桜のジャージを身にまとってワールドカップに参戦。自身よりランキング上位のサモア（12位）に快勝したり、アルゼンチン（9位）と好勝負を繰り広げたりと、世界ランキングトップ10入りを再びうかがう実力があることを示せたと思います。

野球、サッカー、バスケットボール、バレーボール、ラグビーと、世界中のスポーツファンが注目するメジャーな5大球技で、男女ともにこれほど強い国がほかにありますか？アメリカはラグビーW杯に出ていません。日本はチームスポーツ以外の球技でも、テニスはミックスダブルスで加藤未唯が全仏優勝、卓球も中国に次ぐ地位を維持と、個人競技も大活躍しました。球技は世界に誇れる日本の財産と言えます。

私はその日本のスポーツをもっともっと盛り上げて、スポーツビジネスを世界トップクラスの規模にまで高めたいと思い、自民党のスポーツビジネス小委員会の委員長として、文部科学省スポーツ庁、経済産業省とともに施策を考える日々です。

スポーツくじの売上拡大

方策の一つとしてスポーツ振興投票券、いわゆるスポーツくじを盛り上げることがあります。現在の対象スポーツはサッカーとバスケットボールのBリーグで、ｔｏｔｏ、ＷＩＮＮＥＲなどがあり、２０２２（令和４）年度は１１１４億円を売り上げ、以下のように使いました。

【必要な費用】

還元	50%	当選者への払い戻し
経費（運営費）	10%	独立行政法人日本スポーツ振興センター（JSC）
特定金額	5%	新国立競技場の整備等
直接還元	1%	対象試合主催団体へ
小計	66%	残る34%が収益

【収益の納付と配分】

国庫納付金	約11%	
助成金①	約11%	スポーツ団体等への助成
助成金②	約11%	自治体等へのスポーツ助成
小計	約34%	

日本と同じようなスポーツくじは韓国にもあり、野球やバレーボール、ゴルフも対象にして2021年の売上は6200億円に達しています。日本と韓国から遅れること7年、2

スポーツ振興くじの売上推移

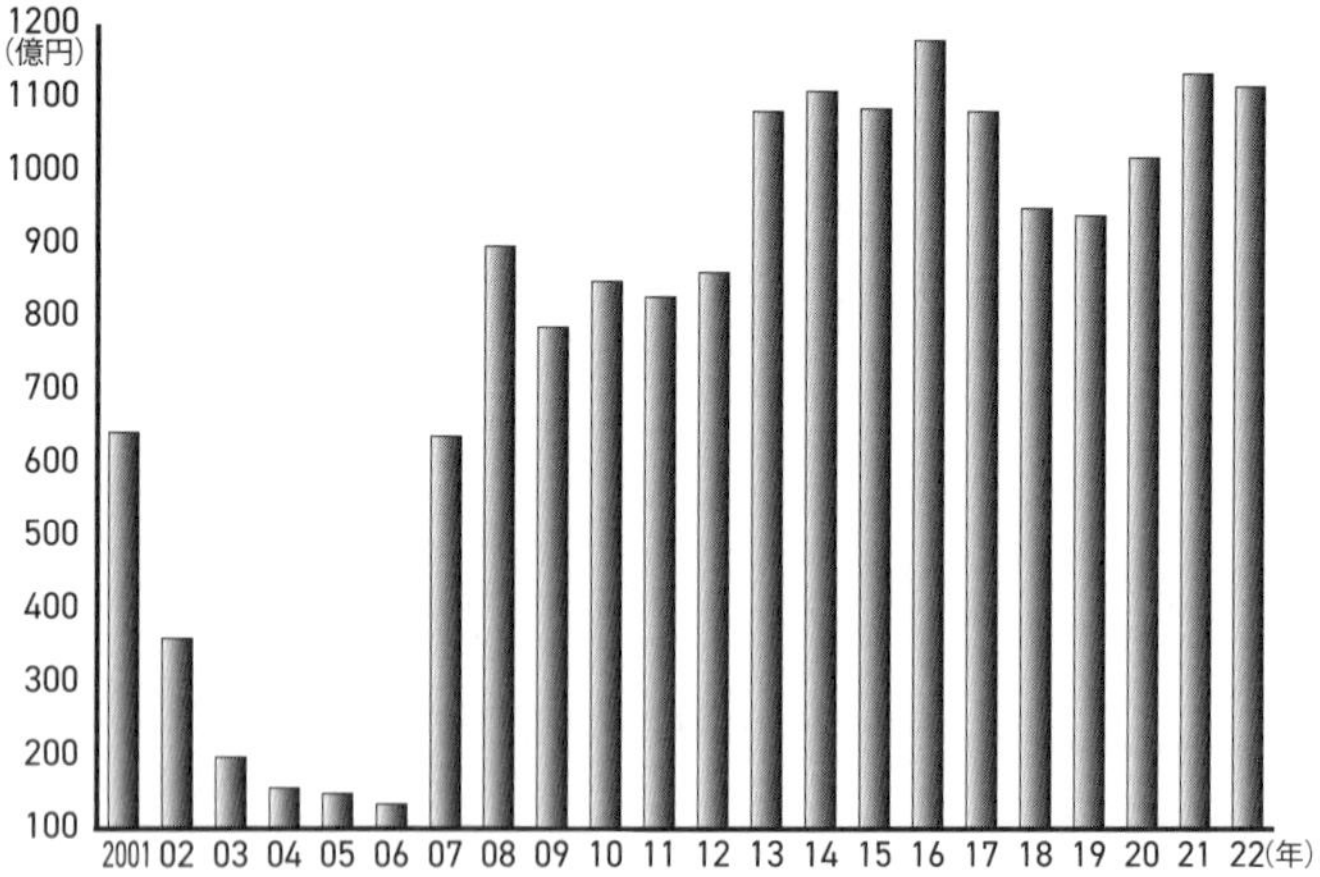

008（平成20）年から始まった台湾では総合格闘技やモータースポーツも対象で、2022年の売上は2800億円に上ります。2024（令和6）年1月からは26競技に拡大予定です。

人口比やスポーツ・球技のレベルから判断して、日本が売上1兆円を目指すのは無茶とは言えず、そのときの収益は3400億円に上ります。すると、スポーツくじの対象試合の主催者にも100億円が渡ります。

サッカーに見る彼我《ひが》の差

ただ、スポーツくじでは欧米に太刀打ち

できない現状もあります。

観戦に行ったヴィッセル神戸とFCバルセロナのゲームは、市場価値25億円（イニエスタ選手の年俸20億円を除く総年俸20億円）のJリーグのチーム対、市場価値１２５０億円（総年俸４００億円）のスペイン、ラ・リーガのチームとの一戦でした。市場価値で50倍、総年俸で20倍違います。

巨大なバルサですが、その資産価値８０００億円は、サッカーチームでは同じスペインのライバルであるレアル・マドリード、英国マンチェスター・ユナイテッドの後塵を拝する世界3位というのですから、欧州サッカービジネスの大きさは恐るべしです。

試合はヴィッセル神戸が0対2で負けましたが、レベル差はそれほどあるようには見えませんでした。それなのに、お金の面ではどうしてこんなに大差がつくのでしょう。

Jリーグが始まった30年前、１９９３（平成５）年と２０２２年のGDPを見てみましょう。自国通貨での名目GDPです。

	１９９３年	２０２２年	上昇度
日本	５０５兆円	５６２兆円	１１１％

市場価値……選手そのものの価値で、年齢や年俸、国籍など、総合的な判断で評価されるが、公式に発表されているものはない。移籍金に影響を与えたりする

資産価値……チーム・企業としての価値。米経済誌フォーブスによれば、世界一は米NFLのダラス・カウボーイズで1兆3500億円。

スペイン	0・40兆ユーロ	1・40兆ユーロ	350%
英国	0・77兆ポンド	2・60兆ポンド	338%
米国	6・86兆ドル	26・85兆ドル	391%

11%しか増えていない日本に対して3・5倍になっているスペイン。参考までに英国と米国も紹介しておきますが、米国は4倍近い伸びです。同じように日本も4倍の2000兆円が目指すべき数字で、本書で打ち出している1000兆円など、そうなって当たり前の数字と言えます。逆に言えば、30年前のスペインや英国は、いまの30%程度のGDP、米国に至っては25%程度のGDPであり、日本円でわずか761兆円です（当時1ドル111円）。だからこそ30年前、相対的にお金持ちだった日本の名古屋グランパスエイトには、現役イングランド代表のゲーリー・リネカーが年俸3億円でトッテナムから来ましたし、ジーコも1・8億円、リトバルスキーも2・5億円で来ました。

ただ、ここ30年、たとえ日本と欧州のGDP伸び率が3倍違っていても、サッカーチームの価値が30倍も違うのは、なにかおかしいです。向こうではなにかが起こったのです。

それは、いくつかの要素がありますが、一番大きいのは放映権料の上昇だと思います。テレビの放送権、インターネットの公衆送信権がグングン値上がりし、チームの懐をいまも暖め続けています。

欧州サッカー5大リーグの国内外の年間放映権料を見てみましょう。

【欧州5大リーグ国内外の年間放映権料】

イングランド	プレミアリーグ	6475億円（35億ポンド）
スペイン	ラ・リーガ	3135億円（19億ユーロ）
ドイツ	ブンデスリーガ	2145億円（13億ユーロ）
イタリア	セリエA	1980億円（12億ユーロ）
フランス	リーグアン	1155億円（7億ユーロ）

日本のJリーグは218億円です。これはオランダ（エールディヴィジ）の248億円（1・5億ユーロ）と同等です。エールディヴィジのレベルの高さは仏国リーグアンに次ぐ6~7位で、代表のランキングも7位の強国オランダですが、人口1800万人でGDP167兆円（1・01兆ユーロ）の国と、日本のリーグが同じ価格とは、納得がいかないで

すね。それでもJリーグは11年総額2395億円でDAZN（ダゾーン）と契約できてよかったと思います。

スポーツビジネスの転機

なぜ放映権料が高騰しているのでしょうか。

答えは簡単で、需要が多いからです。サッカーというスポーツコンテンツの価値が高まっているためです。価値が高まったのは、スポーツベッティングが急激に人気を得ているからです。

スポーツベッティングの運営会社であるブックメーカーは、多くの顧客が試合の生中継を見ながら賭けを楽しむため、動画を配信しなければなりません。そのためには放映権が必要ですが、単独で購入するには高額過ぎるため、リーグと交渉して放映権を獲得したDAZNなどの会社から分けてもらいます。DAZNグループはそうして急成長しました。

DAZNは契約者をつなぎ止めたり、新規の視聴者を獲得するため、なんとしてでも放映権を獲得しなければなりません。入札競争は激しくなり価格は高騰、大人気の英国プレミアリーグの放映権などは、入札額次位との差が10％ついたところで落札という、高飛車な方法で競わせます。その結果がＪリーグの30倍という放映権料です。

端的に言って、海外でスポーツビジネスの中核を担っているのは、スポーツベッティングです。

Ｇ７のなかでスポーツベッティングが禁止されているのは日本のみです。英国は１９６０（昭和35）年にブックメーカーが合法となり、２００６（平成18）年にイタリア、２０１０年にフランス、２０１２年にドイツが民間企業に参入を許可しています。西欧に続いて北米では２０１８（平成30）年に米国、２０２１（令和３）年にカナダが解禁になっています。

近年、先進国で合法化が広がったのは、インターネットのセキュリティが向上し、安心してオンライン参加できるようになったことが大きな要因です。

また現状、日本からも海外のブックメーカーとお金のやりとりができるように、スポーツベッティングはオンラインで国境を超えて気軽に賭けられるので、いくら禁止したところでどこかの国がＯＫなら賭け金が移動するのも要因です。つまり自国の資金が流失するわけで、日本人の賭け金も外国に吸い上げられています。一説には１兆円を超えるとされる日本人マネーが海外勢のスポーツ強化につながっているとしたら、こんな馬鹿な話はないでしょう。また、日本国内で行われているスポーツが賭けの対象になっていて、1年間に推定5～6兆円の売上があるのに、海外から1円ももらえないのも腹立たしいところです。

スポーツDX、デジタル革命で盛り上がっているのは、欧州サッカーだけではありません。現在37の州とワシントンDCでスポーツベッティングが合法化された米国も、放映権料がすごい金額になっています。そして、2022年1月に賭け解禁となった人口2020万人のニューヨーク州では、以後1年間に2兆5000億円が投じられたといいます。

【米国4大プロスポーツ＋サッカー　国内年間放映権料】

NFL	アメリカンフットボール	1兆8000億円
NBA	バスケットボール	1兆2000億円
MLB	野球	6000億円
NHL	アイスホッケー	900億円
MLS	サッカー	375億円　※国内外の金額

日本でもスポーツベッティングを始めない手はないと思います。すでにサッカーのｔｏｔｏ、それにバスケットボール（Ｂリーグ）を加えたＷＩＮＮＥＲなどが、スポーツ振興くじとして売られています。試合が合法な賭けの対象となり、つつがなく運営されている事実があるのです。また、射幸心を煽るのではないかと懸念されてきたｔｏｔｏの高額当選や、高額配当が出る中央競馬ＷＩＮ５も、なんら混乱を生じさせていません。国民はすでに賭け事に対するリテラシーを充分に獲得しており、それは最高12億円が当たるメガビッグがテレビＣＭで購入を煽らなければ売れないという現実が証明しています。国民を信じて大丈夫なのです。

スポーツに賭けたい

私は、スポーツベッティングの解禁が日本のスポーツ界の転機になり、数年で欧米と肩を並べるビジネス規模に到達する姿が思い描けています。日本でスポーツベッティングが人気を博して市民権を得て、一大産業となってＧＤＰに大きく寄与する将来像です。

それを、ここでお見せしたいと思います。

まず、スポーツファンが喜んで賭ける姿。

もう一つは、10兆円というお金が動く姿。

覚えている方も多いと思いますが、一時期の地方競馬の衰退ぶりは、ひどいものでした。

地方競馬は1991（平成3）年度に9862億円という過去最高の売上を記録して以降、20年間は入場者数も売上も下がる一方で、2011（平成23）年度は3314億円と、最盛期の3分の1の売上にまで激減。競馬事業が生んだ赤字の補塡に税金を投入せざるを得ず、競馬開催を廃止する自治体が続出し、以下のように12の競馬場がその役目を終えました。

中津競馬場（2001年3月　大分県）
三条競馬場（2001年8月　新潟県）
益田競馬場（2002年8月　島根県）
足利競馬場（2003年3月　栃木県）
上山競馬場（2003年11月　山形県）
高崎競馬場（2004年12月　群馬県）

宇都宮競馬場（2005年3月　栃木県）
岩見沢競馬場（2006年10月　北海道　ばんえい）
北見競馬場（2006年11月　北海道　ばんえい）
旭川競馬場（2008年10月　北海道）
荒尾競馬場（2011年12月　熊本県）
福山競馬場（2013年3月　広島県）

プロ野球の球場やサッカースタジアムが、これほどの勢いでなくなる現実など想像できますか？　地方競馬はわずか20年間で様相が一変しました。いま現在残っているのは15の競馬場です。

しかし、奇跡が起きました。地方競馬は2012年3月期に大底を打つと、以降は11年連続で売上増加というV字回復を見せ、直近の2023年3月期は1兆0704億円を記録、初めて1兆円を超え、史上最高額となっています。

そのあいだ、競馬場の数は増えていません。さらに言えば、競馬場への来場者は1460万人を誇った1991年度から、2019年度（コロナ禍前）は305万人へと、8割近く減っています。それなのに、近11年間で売上が3倍になったのはなぜでしょう?

確かに、最近は競馬ブームのような雰囲気があります。日本調教馬のレベルは上がり、中央競馬のサラブレッドは世界一強いと言っても許される時代に入りました。

ただ、そうであればまず中央競馬が史上最高売上を達成するはずなのに、2022年は11年連続の増加とはいえ3兆2539億円と、過去最高の1997(平成9)年の売上高4兆0007億円の80%強に留まっています。ここ数年の『ウマ娘』の大ヒットなどが追い風になっていると思いますが、最盛期には及んでいません。

一方、地方競馬はスターホースの出現や名騎手の誕生など、これといったトピックスがほとんどないのに、中央競馬より元気と言っても過言ではありません。なぜかと言えば、それは民間企業が馬券発売に参入したこと。この一点に尽きると思います。

2006(平成18)年のソフトバンク系のオッズパークを皮切りに、2007年には楽天グループの楽天競馬がスタート。すると、競馬ファンはインターネットを通じて買いやすくなった地方競馬に飛びつきました。地方競馬は、土・日曜日(&たまに祝日)の午前10時から午後4時半しか開催しない中央競馬に対して、被らないように平日開催が一般的で、さらにナイター競走で午後9時まで遊べます。ゆっくり馬券を買えるのがウィークデーだけというファンや、仕事を終えてから自宅で競馬を楽しみたいというビジネスパーソンのニーズに、ずばり応えました。地方競馬の売上は、インターネット投票が89・9%を占めるのです。

競馬ファンは、馬券が買えるのなら別に中央競馬でなくてもいい。それがわかりました。馬券を簡単に買えるシステムを用意すれば、潜在的なファンが顕在化してくるのです。そのことをどん底まで落ちた地方競馬は実証しました。

スポーツベッティングも同じ現象が起こると思います。〝場〟を用意すれば、スポーツファンはドッと訪れます。それは地方競馬だけではなくボートレース（競艇）や競輪が、インターネット投票が始まった途端に売上を伸ばし始めていることからも、否定できない展望だと思います。

【2022年度の公営ギャンブルの売上】

中央競馬（JRA）　3兆2539億円　11年連続増加（暦年）
過去最高は1997年の4兆0007億円

地方競馬（NRA）　1兆0704億円　11年連続増加で過去最高

競艇　ボートレース　2兆4142億円　10年連続増加で過去最高
競輪　1兆0908億円　9年連続増加
過去最高は1991年の1兆9553億円
オートレース　1075億円
参考：パチンコホール　11兆3660億円（暦年）

1万円の小遣いで20万円分も遊べる!?

スポーツベッティングが何兆円もの規模まで売上を伸ばして、日本のGDPに寄与する姿を紹介します。同時に、ギャンブル依存症や青少年への影響を懸念される向きには、スポーツベッティングが競馬や競艇などの公営ギャンブルとは全く違う種類の賭け事であることを理解してもらえると思います。

公営ギャンブルである競馬は、

・払戻し　75％（的中馬券の配当）

JRAの理論上の姿

賭けの回数	賭け金	75%払戻し	10%納付金	15%手数料
1	10,000	7,500	1,000	1,500
2	7,500	5,625	750	1,125
3	5,600	4,200	560	840
4	4,200	3,150	420	630
5	3,100	2,325	310	465
6	2,400	1,800	240	360
7	1,800	1,350	180	270
8	1,300	975	130	195
9	1,000	750	100	150
10	700	525	70	105
11	600	450	60	90
12	400	300	40	60
13	300	225	30	45
14	200	150	20	30
15	200	150	20	30
16	100	75	10	15
17	100	75	10	15
18	100	75	10	15
19	100	75	10	15
合計	**39,700**	**29,775**	**3,970**	**5,955**

※手持ち75円になって賭け終了。

・税金　10％（第1国庫納付金）
・運営費　15％（ここで儲けが出たらさらに納付）

という比率で馬券の売上を分配します。

JRAは馬券が100円売れるごとに10円を第1国庫納付金として、事業が黒字になった年はその半分を第2国庫納付金として、国に納めます。2022（令和4）年度は第1国庫納付金が3274億円、第2国庫納付金が419億円で、合計3693億円でした。

また、JRAは3兆円の売上のうち15％にあたる4500億円を使って全国の競馬場で年間3300レースを開催します。

競馬に毎月1万円を使う人は、理論上、その75％にあたる7500円が払い戻されるため、毎月2500円の赤字です。本当に馬券ベタで毎回外れてスッカラカンになる論外の人でも、1カ月に1万円ならお小遣いの範囲です。

スポーツベッティングが解禁になると、毎月1万円で競馬を楽しむような人は、間違いなく参加するでしょう。加えて、公営ギャンブルに対してあまり積極的ではなかった人々も、サッカーや野球なら敷居が低く、お小遣いの範囲で賭け始めるのではないでしょうか。これは決して希望的観測ではなく、実際に米国がそうなっているのです。しかも想像以上に盛り上がっています。

世界最大のスポーツイベントと言えば、4年に一度行われる男子サッカーのワールドカップやオリンピックが思い浮かびますが、1試合だけで言えば、アメリカンフットボールのスーパーボウル。2023年2月12日に行われたNFLのチャンピオン決定戦は、FOXで全米5000万世帯が視聴、平均視聴率40％を記録しました。テレビをつけている世帯の77％が生で観戦、その数は1億1300万人というとてつもない数字です。

さらに衝撃的なのは、このスーパーボウルのスポーツベッティングの金額。人々は、このシーズンファイナルに2兆4000億円を賭けたという推測が出ています。いくら好景気でスポーツベッティングも右肩上がりの米国とはいえ、ここまでの巨額はイメージしづらいです。日本最大のギャンブル場は中央競馬ですが、JRAの売上3兆円は1年間の話。スーパーボウルは実質3時間のイベントで、1年開催したJRAの8割を売り上げるというのです。馬券が世界で一番売れる年末の有馬記念でも1レース522億円（2022年）ですから、2兆4000億円はふた桁違いの売上です。

そもそも、なぜ1試合に2兆4000億円もの大金が投じられるのでしょうか。単純計算して、2万4000円を賭ける人が1億人いることになります。アメリカには3億3000万人が住んでいるとはいえ、あり得ないですよね。

では、24万円を賭ける人が1000万人？　これは日本で言うと、20歳以上の10人に1人が、たった1試合に月給の手取り分をすべて注ぎ込む計算になります。読者の友人や知人にそんな人がいますか。いませんよね？　こちらも想像しづらいです。

でも、これなのです。

最近はあまり聞かなくなりましたが、ノミ行為はご存じですか。ノミ屋（私設投票所）

は、的中した客にオッズより1割多く払い戻したりと、JRAよりも良い条件で違法に営業していました。前述の15％の運営費がかからないからです。つまり、払戻率を90％にしても10％は残り、ノミ屋は納税しないので丸々利益になります。

スポーツベッティングの運営会社も、スーパーボウルは開催しません。ブックメーカーは運営費の15％を払戻しにあて、最低でも90％を配当できます（なお、ブックメーカーは最初から手数料を天引きするのではなく、結果として手数料を得られるようにオッズを決める点に注意）。

すると、どうなるでしょう。

冒頭に紹介した、競馬に毎月1万円賭ける人に、払戻率90％の〝夢競馬〟に再登場してもらいましょう。

その人は馬券を1万円買うと、理論上９０００円の払戻しを受けます。戻ってきた９０００円を次の賭けに使うと、今度は８１００円が配当になります。これを50回続けると、手持ちが90円になり、１００円の馬券が買えなくなり終了します（馬券は１００円から）。

51レース目には賭けられませんでしたが、1日に平均6レース賭けて8日間も遊べたのですから、文句なしの競馬ライフです。

さて、この方が馬券に投じた金額はいくらでしょう？

手持ちは１万円しかありませんでしたが、実は９万９１００円購入しています。そして、スポーツベッティングの運営会社は９９１０円の手数料を得ています。１万円しか持っていないお客さんからでも、ブックメーカーはそれだけ稼げるのです。

重要なのは、スポーツベッティングは、この９日間を１日に凝縮できるという点です。さ

払戻率90％の夢競馬の理論上の姿

賭けの回数	賭け金	90% 払戻し	10% 手数料
1	10,000	9,000	1,000
2	9,000	8,100	900
3	8,100	7,290	810
4	7,200	6,480	720
5	6,500	5,850	650
6	5,900	5,310	590
7	5,300	4,770	530
8	4,800	4,320	480
9	4,300	3,870	430
10	3,800	3,420	380
11	3,500	3,150	350
12	3,100	2,790	310
13	2,800	2,520	280
14	2,500	2,250	250
15	2,300	2,070	230
16	2,000	1,800	200
17	1,800	1,620	180
18	1,700	1,530	170
19	1,500	1,350	150
20	1,300	1,170	130
21	1,200	1,080	120
22	1,100	990	110
23	1,000	900	100
24	900	810	90
25	800	720	80
26	700	630	70
27	600	540	60
28	600	540	60
29	500	450	50
30	500	450	50
31	400	360	40
32	400	360	40
33	300	270	30
34	300	270	30
35	300	270	30
36	300	270	30
37	200	180	20
38	200	180	20
39	200	180	20
40	200	180	20
41	100	90	10
42	100	90	10
43	100	90	10
44	100	90	10
45	100	90	10
46	100	90	10
47	100	90	10
48	100	90	10
49	100	90	10
50	100	90	10
合計	**99,100**	**89,190**	**9,910**

らに言うと、3時間という1試合のなかで完結させられるということです。

スーパーボウルではなく、わかりやすく、1試合3時間前後で行われる野球で説明します。WBC決勝のアメリカ戦を題材に架空のスポーツベッティングをしましょう。

その賭けは、ブックメーカーにより、試合前からオッズとともに提供されます。スマホのアプリから目が離せません。

- 1回表に日本の先発投手が投げる1球目はストライクか、ボールか、それ以外か？
- 1回表にアメリカは何点取るか？ 0点、1点、2点以上
- 1回裏に日本の3番打者は三振か、四球か、内野ゴロか、外野フライか、それ以外か？

結果はすぐにわかり、的中するとすぐに配当が入ってきます。

そして、試合中もブックメーカーから賭けへの誘いがあります。

- 1回表1死、トラウトは単打か、2塁打か、3塁打か、本塁打か、それ以外か？
- 1回裏2死、現在1塁ランナーの大谷翔平は得点するか、しないか？

ビール片手にテレビを見ながら賭けているうちに楽しさが増してきて、1回表裏だけで5回賭けてしまいます。そして、テンションはそのまま9回終了までに45回賭けるわけです。合わせて10万円弱の豪勢な遊びになりますが、溶かしたお小遣いは1万円です。

物価高で収入も多いアメリカ人の感覚なら2万円のお小遣いで20万円の遊びにあたるでしょう。スーパーボウルをテレビを見た1億3000万人のうち1割の1300万人が同じように賭ければ、20万円×1300万人＝2兆6000万円。これがスポーツベッティングの理論上の姿です。

20兆円市場になっても不思議ではない

便宜上ここまでは払戻率が90％のケースを見てきました。

実際は、ブックメーカー側が10％も取ることはありません。95％還元しても充分にビジネスになるからです。また、ブックメーカーが何社かあれば、還元率の高さによる顧客獲得争いも起こります。

95％還元のブックメーカーにおいて、毎月1万円のお小遣いを全部使い切ってもよい人が１００回賭けると、その賭け金の総額は20万円弱になります。

１年間に２４０万円を賭けることになりますが、失うお金は毎月のお小遣い１万円×12カ月だけです。

毎月ギャンブルに１万円くらい使う人や、ギャンブルではありませんがスマホのゲームに１万円くらい課金している人は、大人が10人いたら１人くらいはいませんか？　日本の18～75歳の人口は９０００万人です。その１割の９００万人が年間12万円（賭け金は２４０万円）使うと21兆６０００億円という賭け金です。

さらに言うと、このシミュレーションは日本人だけで計算していますが、海外からも賭け金が入ってきます。

スポーツベッティングの解禁でＪリーグの価値が高まり、昔のように海外からビッグネームが来たり、アジアのスター選手が自国の期待を一身に背負って移籍してきたら、世界中の視線が日本のブックメーカーに集まります。とくにアジアは人口上位５カ国だけでも33億人がおり、そのうち収入上位１割の３億３０００万人が日本人と同じ金銭感覚だとすれば、米国、欧州と肩を並べるポテンシャルになります。

手数料5%の理論上の姿

賭けの回数	賭け金	95%払戻し	5%手数料
1	10,000	9,500	500
2	9,500	9,025	475
3	9,025	8,574	451
4	8,574	8,145	429
5	8,145	7,738	407
6	7,738	7,351	387
7	7,351	6,983	368
8	6,983	6,634	349
9	6,634	6,302	332
10	6,302	5,987	315
11	5,987	5,688	299
12	5,688	5,404	284
13	5,404	5,133	270
14	5,133	4,877	257
15	4,877	4,633	244
16	4,633	4,401	232
17	4,401	4,181	220
18	4,181	3,972	209
19	3,972	3,774	199
20	3,774	3,585	189
21	3,585	3,406	179
22	3,406	3,235	170
23	3,235	3,074	162
24	3,074	2,920	154
25	2,920	2,774	146
26	2,774	2,635	139
27	2,635	2,503	132
28	2,503	2,378	125
29	2,378	2,259	119
30	2,259	2,146	113
31	2,146	2,039	107
32	2,039	1,937	102
33	1,937	1,840	97
34	1,840	1,748	92
35	1,748	1,661	87
36	1,661	1,578	83
37	1,578	1,499	79
38	1,499	1,424	75
39	1,424	1,353	71
40	1,353	1,285	68
41	1,285	1,221	64
42	1,221	1,160	61
43	1,160	1,102	58
44	1,102	1,047	55
45	1,047	994	52
46	994	945	50
47	945	897	47
48	897	853	45
49	853	810	43
50	810	769	40
51	769	731	38
52	731	694	37
53	694	660	35
54	660	627	33
55	627	595	31
56	595	566	30
57	566	537	28
58	537	510	27
59	510	485	26
60	485	461	24
61	461	438	23
62	438	416	22
63	416	395	21
64	395	375	20
65	375	356	19
66	356	339	18
67	339	322	17
68	322	306	16
69	306	290	15
70	290	276	15
71	276	262	14
72	262	249	13
73	249	236	12
74	236	225	12
75	225	213	11
76	213	203	11
77	203	193	10
78	193	183	10
79	183	174	9
80	174	165	9
81	165	157	8
82	157	149	8
83	149	142	7
84	142	135	7
85	135	128	7
86	128	121	6
87	121	115	6
88	115	110	6
89	110	104	5
90	104	99	5
91	99	94	5
92	94	89	5
93	89	85	4
94	85	81	4
95	81	77	4
96	77	73	4
97	73	69	4
98	69	66	3
99	66	62	3
100	62	59	3
合計	**198,817**	**188,876**	**9,941**

【アジアの人口上位国】
中国　　　14億2600万人
インド　　14億0800万人
インドネシア　2億7000万人
フィリピン　　1億1400万人
ベトナム　　　9700万人

アジア諸国の法律がどうなるかによりますが、現時点で違法な日本でも1兆円が海外のブックメーカーに対して賭けられているという推測から計算すると、人口比から言って3兆円はあり得ます。

さて、国内21兆6000億円と国外3兆円、合わせて25兆円近いお金が1年間に賭けられます。

ブックメーカーは手数料5％で売上1兆2500億円。利益率は非常に高いでしょうから、キーエンスと同じ55％の営業利益率なら6875億円。30％納税なら2000億円超で、国としては文句ないでしょう。10％を国庫に納付する公営ギャンブルにたとえると、競輪の倍である2兆円規模のシステムが、ライセンスを民間に下ろすだけで誕生するのですから。

もう一つ、違う面からGDPの予測をしてみます。

日本のスポーツ産業の国内総生産、いわゆるスポーツGDPは2019（令和元）年に9兆1900億円で、全体の1・65％でした。国はこれを2025年までに15・2兆円にする目標を立てています。6年間で6兆円の増加、1年1兆円です。

この金額が妥当かどうか、欧州の5カ国を見てみましょう。

	スポーツGDP	対GDP比	伸び率	2023年予測
ドイツ	15兆7060億円	3・90％	148％	23兆2449億円
フランス	5兆9885億円	1・91％	132％	7兆9048億円
イギリス	5兆5125億円	2・18％	152％	8兆3790億円
イタリア	3兆1826億円	1・32％	126％	4兆0101億円
スペイン	2兆2476億円	1・44％	136％	3兆0567億円

これは2012（平成24）年のデータでちょっと古いのですが、この2012年というのはドイツでスポーツベッティングが解禁になった年。まだその恩恵に浴していない時点で15兆円を超えています。2012年から2023年の12年でドイツのGDPが148％になっていることを考えると、現時点では23兆円規模でしょう。スポーツベッティング解禁前の現在の日本も、このくらいのスポーツGDPでおかしくありません。また、GDP比を見ても、ドイツの3・90％を日本のGDP600兆円にかけると23・4兆円になります。

日本はこの数字を超える潜在能力があるはずで、これにスポーツベッティング解禁による好影響が加われば、2025年目標の15兆円どころか、ドイツを上回る25兆円が見えてくるのではないでしょうか。現在の推定10兆円から15兆円の大幅上積みです。

もちろん、読売新聞さんはじめ慎重論があることは皆さん報道などで充分ご存じでしょう。とくに野球賭博や「黒い霧事件」のイメージは日本では非常に悪いので、あらゆる意味で問題を解決したうえでの導入しかないというふうに私は考えています。

とりあえずスポーツGDP2兆円の上積み　628兆円➡630兆円

あとがき

いま、「総合経済対策」の補正予算が国会を通過したばかり。私は予算委員かつ参議院自民党の役員の一人として、夕方、岸田文雄総理、鈴木俊一財務大臣、松野博一官房長官を参議院自民党会長室でお出迎えしました。明日からは、残された重要パーツである子ども・子育て財源、防衛財源、低所得者支援、医療、介護、保育等の改定の議論に、自民党本部の政調会長代理として臨みます。加えて、党税調の副会長としてすでに昨日から正副会長会議、平場で午前、午後税制改正の討議。これに大会や選挙応援で一日が終わる、そんな状況です。

ですから、GDP1000兆円を語るうえで、いくつかの、アレどうした？ というテーマが抜けているのは、それが大きく変わる、あるいは決まる議論の途中過ぎて、書き切れなかったという事情、どうかご容赦ください。

私はもともと上げ潮路線の政治家であり、政策が合うので、亡くなられた安倍晋三元総理のお導きで、率いていらした清和会にジョインしました。第4次安倍政権に総理からの一本釣りで入閣（地方創生、規制改革、女性活躍、特区、現在のデジタル田園都市等担当）したことをきっかけに岸田政権が2年前に誕生するとき、アベノミクス、防衛力強化、経済安全保障、基本的価値を共有する外交、憲法改正等の骨格を引き継いでくださる候補として、安倍政権で外相、政調会長を務められた岸田総理を、決選投票でご支持申し上げました。

現政権の政策のなかには、結果として結構取り入れられているのに、全くそう見えていない！　このように打ち出せば伝わるのでは？　という思いもあって、取り急ぎ年内に発刊させていただきました。しかも現在私は金融調査会長として3年目に突入し、政調会長代理として経済産業、環境（含む原子力）を担当していて、ほかにスポーツビジネス小委員長、デジタル本部の人材ＰＴ座長も兼ねており、それらの分野に忙殺されていて、それ以外の分野の記述が薄くなってしまった傾向は否めません。よって、これはほんの第1弾！

これからは毎年どんどん、日本はもっともっとイケる路線で書いていきます！　乞うご期待。

２０２３年11月28日　片山さつき

◉著者紹介

片山さつき

1959年5月9日	埼玉県浦和市(現さいたま市浦和区)出身
1982年	東京大学法学部卒業後、大蔵省入省(主税局調査課)
1984年	フランス国立行政学院(ENA)に2年間の国費留学
1989年	広島国税局海田税務署長(西日本初の女性税務署長)
1991年	大蔵省国際金融局課長補佐(女性初のG7サミット政府代表団員)
1995年	大蔵省主計局主計官主査(女性初。厚生労働担当)
1996年	大蔵省銀行局中小金融課住宅金融管理機構管理室長
1997年7月	大蔵省官房企画官兼銀行局総務課債権等流動化室長
1998年	横浜税関総務部長
1999年	大蔵省理財局国有財産総括課企画官
2000年7月	大蔵省官房文書課政策評価室長
2002年7月	財務省関税局調査課関税企画官兼総務課
2003年	財務省主計局主計企画官(法規課)
2004年7月	財務省主計局主計官(防衛係担当)
2005年7月	財務省国際局開発機関課長
2005年8月	退官
2005年9月	衆議院議員総選挙当選(静岡7区)
2005年11月	経済産業大臣政務官(第3次小泉改造内閣)
2006年9月	自民党広報本部長代理兼広報局長
2009年9月	衆議院議員総選挙落選
2010年7月	参議院議員選挙当選(比例区　自民党1位)
2012年12月	総務大臣政務官(第2次安倍内閣)
2014年9月	参議院外交防衛委員長
2016年7月	参議院議員選挙当選(比例区　自民党現職1位)
2017年8月	自民党政務調査会長代理
2018年10月	内閣府特命担当大臣(地方創生・規制改革・男女共同参画)担当大臣及び女性活躍担当大臣(第4次安倍改造内閣)
2019年10月～2022年9月	自民党総務会長代理
2021年11月～現在	自民党金融調査会長
2022年7月	参議院議員選挙当選(比例区　自民党女性1位) 自民党副幹事長
2023年9月	自民党政務調査会長代理

給与倍増
名目GDP1000兆円計画！

2024年１月１日　初版第１刷発行

著　者　　片山さつき
発　行　　フォルドリバー
発行／発売　株式会社ごま書房新社
〒167-0051
東京都杉並区荻窪4丁目32-3
AKオギクボビル201
TEL：03-6910-0481
FAX：03-6910-0482
https://gomashobo.com/

印刷・製本　精文堂印刷株式会社

ISBN978-4-341-08851-4